男の子にも女の子にも編みたい

手編みの子どもニット

Kid's Knit Collection

日本文芸社

CONTENTS

QRコードによる動画つき

手編みと手芸の情報サイト
「あむゆーず」

棒針編みの基礎動画を
利用しています。

※端末や通信環境によっては、ご利用いただ
けない場合や別途通信料金がかかる場合が
あります。本サービスは予告なく変更するこ
とがあります。あらかじめご了承ください。

サイズの目安について

サイズ	110	120	130	140
参考年齢	5〜6才	7〜8才	9〜10才	
身長	105〜115	115〜125	125〜135	135〜145
胸囲	53〜59	57〜63	61〜67	64〜72
胴囲	48〜54	50〜56	52〜58	53〜62

※丈やゆるみなどは作品によって違いますので、作り方ページのでき上がりサイズを参照してください。
※ひものついたウエアは公園遊びの際には着用しないなど、十分に気をつけてご着用ください。

この本の楽しみ方

Models ─参考身長と着用サイズ─

ピュ・マイカ
8歳　身長126cm
着用サイズ：120〜140

フジモト・フウゴ
8歳　身長121cm
着用サイズ：120〜140

ナカムラ・サラ
5歳　身長112cm
着用サイズ：110〜120

Point 1

男の子でも女の子でも着られる
シンプルなデザインがベース

コーディネートしやすいシンプルなセーターや
アラン模様など、
ベーシックなデザインを中心に
男の子でも女の子でも着られるデザインを掲載。
好みに合わせて糸の色を替えてアレンジできます。

Point 2

小さなアレンジで
より似合う1着が編めます

Part1 では、基本のセーターをベースに、
つけ襟を組み合わせたり、裾をペプラム切り替えにしたり、
ボーダー柄を入れたりなどのアレンジがきく作品を紹介します。
Part2はデザイン違いの2サイズ展開。
小さなアレンジでおしゃれの幅が広がります。

Part 1

リボンで
かわいく

シンプルな
セーターに
つけ襟をプラス

ペプラムに
アレンジ

Part 2

ポケットが
アクセント

ちょっと大きめ
(モデル身長112cm)

Point 3

兼用サイズのもの
もあります

デザインによっては、110・120 兼用、
130・140 兼用サイズも。
ぴったりサイズはもちろんのこと、
大きめにゆったり着るのもかわいい。
成長が早い子ども用だからこそ、
長く着られるのもうれしいところ！

ぴったり！
(モデル身長126cm)

Part 1

BASIC SWEATER & VARIATION

ベーシックセーター＆バリエーション

襟をつけたり、色を替えたり、アレンジいろいろ！
サイズは 110～140cm の展開です。

01

Plain Sweater

プレーンなセーター

シンプルな無地のセーターは
男の子にも女の子にも似合う
オーソドックスなデザインです。
好きな色で編んでみて。

Design & Making ——— 奥住玲子
Yarn ——— ハマナカ アメリー
Size ——— 120
How to make ——— P.33

Fluffy Sweater

もこもこ糸のセーター

もこもこの糸で編んだら、
ひつじみたいにかわいい！
襟、袖口、裾は、アクセントに糸と色を替えています。

Design & Making ——— 奥住玲子
Yarn ——— ハマナカ ソノモノ アルパカブークレ・ハマナカ アメリー
Size ——— 110
How to make ——— P.36

02

Peplum Short Dress
ペプラム切り替えのチュニック

セーターの裾をふわっと広がる
ペプラムデザインでミディ丈に。
ワンピースやパンツと
レイヤードスタイルで楽しんで。

Design & Making ——— 奥住玲子
Yarn ——— ハマナカ アメリー
Size ——— 130
How to make ——— P.39

03

セーター、つけ襟とも、
アルパカ混の上質な糸を使っているので、
手ざわりのよい仕上がり。
ベースのセーターは
男の子にも似合うシンプルなデザインです。

Design & Making ——— 奥住玲子
Yarn ——— セーター／ハマナカ ソノモノ アルパカウール《並太》
　　　　　 つけ襟／ハマナカ ソノモノ ヘアリー
Size ——— 140
How to make ——— P.42

Simple Sweater & Tippet
シンプルなセーター ＆
ふわふわつけ襟

04

Stripe Sweater & Balaclava

ボーダー柄のセーター＆バラクラバ

身ごろと袖にボーダー柄を配した
スポーティーなデザイン。
寒い日には、おそろいの糸で編んだ
バラクラバをつけて。

Design & Making ——— 奥住玲子
Yarn ——— ハマナカ アメリー
Size ——— 130
How to make ——— P.46

05

バラクラバはボタンで着脱も簡単。単品で洋服とのコーディネートも楽しめます。

ガーター編みのエルボーパッチが
アクセントに。

11

Part 2

DAILY KNIT COLLECTION

デイリーニットコレクション

ちょこっとしたあしらいがおしゃれ！ 長く着られるニットです。

Basic Cardigan

ベーシックなカーディガン

きれいな色のストレートヤーンで編んだ
カーディガン。
どちらのデザインも110・120兼用と
130・140兼用の2サイズの
編み図を掲載しています。

06

07

Design ——— 野口智子
Making ——— 遠山美沙子
Yarn ——— ハマナカ アメリー
Size ——— 06／110・120 兼用
　　　　　 07／130・140 兼用
How to make ——— P.51

Aran Pattern Cardigan

アラン模様のカーディガン

トラッドなアラン模様のカーディガンは、
袖のデザインがチャーミング。
女の子はぽわんとしたボリュームスリーブ、
男の子は太めのストレートスリーブで遊びます。

08

09

Design & Making ——— 釣谷京子
Yarn ——— ハマナカ アメリー
Size ——— 08／130・140 兼用
　　　　　09／110・120 兼用
How to make ——— P.60

Animal Pattern Sweater

動物柄のセーター

大きなくまとうさぎの編み込み模様のセーターは、
キャンディみたいな甘いカラーもかわいくて、
お気に入りの1着になりそう。

Design & Making ——— 青木恵理子
Yarn ——— ハマナカ アメリー
Size ——— I0／110
　　　　　 II／130
How to make ——— P.68

I0

11

Traditional Vest

トラッドなベスト

シンプルな編み地のベストは、
いろいろな服に合わせやすく、1枚あると重宝します。
ハイネックとベーシックな丸首の2タイプです。

Design & Making ——— 池上 舞
Yarn ——— ハマナカ アメリー
Size ——— 12／130・140 兼用
13／110・120 兼用
How to make ——— P.72

12

13

Side Open Vest

サイドオープンのベスト

ふっくらとしたケーブル模様のベストは、
サイドの仕上げをリボンかベルトか選んで。
ゆとりのあるデザインなので、プレゼントにもぴったり。

14

15

Design & Making ——— 今井昌子
Yarn ——— ハマナカ ソノモノ アルパカウール
Size ——— 14／110・120 兼用
　　　　　　15／130・140 兼用
How to make ——— P.76

Part 3
SMALL KNIT ACCESORY
小さくてかわいい冬小物

編むのもあっという間で楽しいあったかアイテム！

Short Cape
かぶるだけニット

すっぽりかぶるだけなので、
ちょっぴり肌寒いときに
マフラー代わりになります。
おうちの中でも活躍しそう。

16

17

Mixed Color Cap & Mitten

ミックスカラーの帽子&ミトン

2色の糸を引きそろえで編む帽子とミトンのセット。
スモーキーな色合いでひと味違う仕上がりに。

Design & Making ——— 高際有希
Yarn ——— ハマナカ アメリー
Size ——— 帽子／（頭まわり）45㎝
　　　　　　ミトン／（甲まわり）18㎝
How to make ——— P.85

18

19

Mitten
with Decoration

ポンポンつきミトン

ミトン本体は18の色違い。
ポンポンはゴムつきで取りはずしができ、
ヘアゴムとしても使えます。

Design & Making ——— 高際有希
Yarn ——— ハマナカ アメリー
Size ——— ミトン／（甲まわり）18㎝
　　　　　　ポンポンゴム／直径 4㎝
How to make ——— P.87

Fluffy Cap & Mitten

ふわもこの帽子＆ミトン

本体はもこもこの糸、
縁はストレートヤーンの組み合わせ。
ミトンは左右色違いで効かせた
ビビッドカラーがポイント。

Design & Making ——— 高際有希
Yarn ——— ハマナカ ソノモノループ・ハマナカ アメリー
Size ——— 帽子／（頭まわり）46㎝　ミトン／（甲まわり）18㎝
How to make ——— P.88

20

BASIC LESSON

01 《P.6》 プレーンなセーターを編んでみましょう

P.6のプレーンなセーターで、編み方の流れをご説明します。
初めてウエアを編む方は、基本の編み図記号や手順をおさえましょう。

〔用意するもの〕
ハマナカ アメリー 205g
ハマナカ アミアミ手あみ針玉付2本針6号・4号、
ハマナカ アミアミ5本針4号、
ハマナカ アミアミ両かぎ針ラクラク5/0号、
とじ針
※材料や編み図の詳細は、P.33-35をご覧ください。
※見やすいように、糸の色を替えて説明しています。
※編み方の基礎は、P.90〜95をご覧ください。

〔編む順番〕

1　後ろ身ごろと前身ごろを編む
2　袖を編む
3　前と後ろの肩をはぐ
4　袖下と脇をとじる
5　身ごろと袖をとじつける
6　襟を編む

●作り目

身ごろ、袖とも共通で、「指でかける作り目」で編み始めます。
ここでは後ろ身ごろで説明しますが、前身ごろも同様に編みます。

指でかける作り目▶

1
糸端側の糸を編む幅の約3.5倍
とって、親指と人差し指に糸を
かけ、薬指と小指で押さえる。

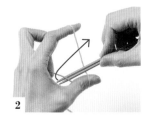

2
針は4号針を使用。2本の針
先をそろえて、親指側の糸を矢
印のようにすくう。

3
そのまま親指と人差し指の間
の糸を針先にかけて、針にか
かっているループから引き出す。

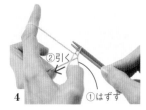

4
親指にかかっている糸をはず
し、薬指と小指で押さえていた
糸を引いて引き締める。

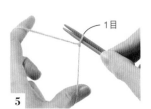

5
作り目の1目めができたところ。

6
ふたたび親指と人差し指に糸
をかける。親指側のループに
針先を入れ、人差し指側の糸
を矢印のようにかける。

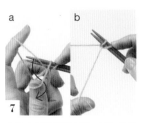

7
そのまま親指側のループから糸
を引き出す（a）。親指の糸をは
ずし、糸を引いて引き締める。
2目ができたところ（b）。

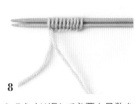

8
6、7をくり返して必要な目数を
作る。

●裾〜身ごろの編み始め

1目ゴム編みで裾を編み、メリヤス編みで身ごろを編みます。

表目▶ 　裏目▶ 　ねじり増し目▶

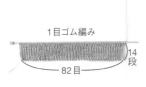

1

このセーターの裾は82目で編み始める。4号針で、表目（P.90）、裏目（P.90）を1目ずつくり返して、1目ゴム編みを14段編む。

2

身ごろのメリヤス編みは6号針に替えて編む。1段めの81目めまで編んだら、次の目との間の渡り糸に矢印のように右針を入れる。

3

渡り糸をすくったところ。

4

すくった渡り糸を左針に移す。この目を編んで、1目増やして83目にする。

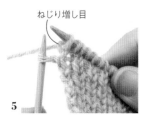

5

4で左針にかけた糸をねじり目にして編む。ここで1目増える（ねじり増し目・P.92）。

6

奇数段は表目、偶数段は裏目で編む（メリヤス編み）。目数は増減なしで74段めまで編む。

●袖ぐりの減らし目

74段まで編んだら、袖ぐりの減らし目をしながら編みます。前身ごろの袖ぐりも同様に編みます。

伏せ止め〈表〉▶ 　伏せ止め〈裏〉▶

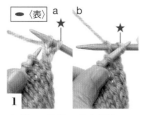

1

右側は3目伏せ目を編む。まず表目で2目編み（a）、右針の1目め（★）に左針を入れて、右針の2目めにかぶせる（b）。

2

1目伏せたところ。1目減る。

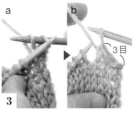

3

続けて1目、表目で編み、右針にかかっている目をかぶせる（a）。同様にくり返して3目伏せ目にする（b）。残りはメリヤス編みを編む。

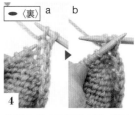

4

左側の伏せ目は裏の段で編む（右側と1段ずれる）。裏目で2目編み（a）、1目めを2目めにかぶせる（b）。

5

1目伏せたところ。1目減る。

6

4の「1目編んで右針の目をかぶせる」を2回編み、3目伏せ目にする。残りは裏メリヤス編みを編む。

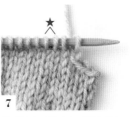

7

袖ぐりの2段めまで編んだところ。3段めの右側は★の2目を一度に編んで1目を減らす。

8

まず表目で2目編む。

袖ぐりの続き

左上2目一度▶ 右上2目一度▶

9
8の★の2目に手前から一度に針を入れ、糸をかけて引き出す（左上2目一度・P.91）。

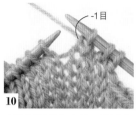

10
左側の目が上になり、1目減る。

11
3段めの左側も1目減らす。最後の4目を残してメリヤス編みで編んだら、次の目は編まずに右の針に移す（★）。次の目は表目で編む。

12
11で編んだ目に、★の目をかぶせる（右上2目一度・P.91）。

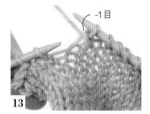

13
右側の目が上になり、1目減る。

14
3段めの左側で1目減らしたところ。

15
同様に、表の段で指定どおりに左右の袖ぐりの目を減らしながら編む。

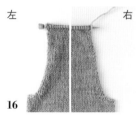

16
左右の袖ぐりが編めたところ。

●後ろ襟ぐりの減らし目

襟ぐりの減らし目をしながら、右肩→左肩の順に分けて編みます。

左上2目一度〈裏〉▶   右上2目一度〈裏〉▶

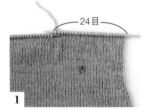

1
右肩分24目を表目で編む。

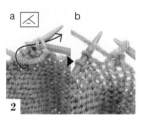

2
編み地を裏に返して襟ぐりを編む。2目に針を入れて矢印のように糸をかけて引き出し（a）、一度に編む（b・左上2目一度・P.91）。

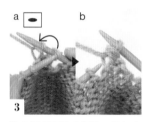

3
次の目を裏目で編み、針にかかっている目をかぶせる（a）。かぶせて1目伏せたところ（b）。

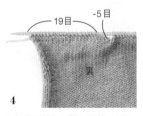

4
3をくり返して計4目伏せ目にし、19目に減らしたところ。

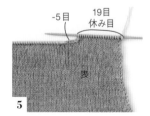

5
右肩が編めたところ。19目は別の針に移して休めておく。

6
右肩1段めの最後の目から、新しい糸を引き出す（見やすいように色を替えています）。

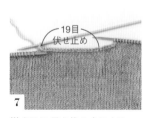

7
襟ぐり19目を伏せ止めする。

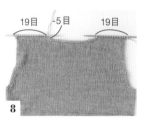

8
残り24目は、2段編んでから編み始めの2目を右上2目一度で編み、4目伏せ目にして5目減らす。左肩が編めたところ。19目はそのまま目を休める。

●肩のかぶせはぎ

前身ごろと後ろ身ごろを中表に合わせ、肩をかぶせはぎでつなぎます。

かぶせはぎ▶

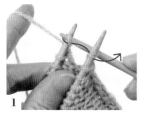

1 前身ごろを手前に持ち、後ろ身ごろの休めていた目に針を入れ、矢印のように引き出す（針は玉なしを使う）。

2 引き出したところ。

3 左の2針にかかっている目をはずす。

4 1〜3と同様にして、後ろ身ごろの目を前身ごろの目に通して引き出す。

5 端に残している糸（見やすいように色を替えています）で端の2目を編む。

6 右針の1目めを2目めにかぶせて目を伏せる。

7 同様にして、伏せ止めの要領で目を止める。

●袖の増し目

袖は袖口を1目ゴム編みで編み、本体は増し目をしながらメリヤス編みで編みます。

ねじり増し目▶

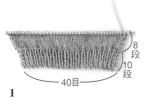

1 4号針で40目10段、1目ゴム編みを編む。6号針に替えて8段はメリヤス編みを編む。

2 9段めで左右1目ずつ増し目をする。表目で2目編み、2目めと3目めの間の渡り糸を右針にかける。

3 渡り糸を左針に移し、矢印のように針を入れて表目で編む。

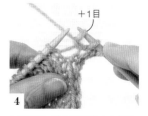

4 ねじり増し目で1目増えたところ。

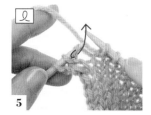

5 最後の2目を残してメリヤス編みを編む。左側の2目めと3目めの間の渡り糸を左針にかけ、矢印のように針を入れて表目で編む。

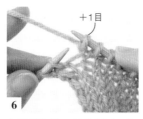

6 ねじり増し目で1目増えたところ。

7 編み図どおりに左右均等に増し目をしながら編んでいく。

●袖山の減らし目

なだらかなカーブになるように、左右均等に減らし目をしていきます。

1 P.27袖ぐりと同様にして、左右で3目ずつ伏せ目にする。袖山の3段めは右上2目一度で1目減らす。

2 次の1目を編み、続けて左上2目一度を編んで1目減らす。

3 3段めの右側で2目減らしたところ。

4 左側も同様に均等に減らして、最後12目は伏せ止めにする。

●袖下・脇のすくいとじ

すくいとじ▶ 　すくいとじ（増し目のある部分）▶

袖下、脇は1目内側の渡り糸をすくってとじます。

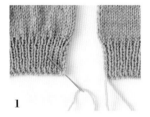   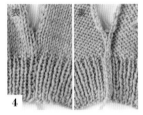

1 とじ針に糸を通し、下端の両目に糸を通す。（見やすいように色を替えています）

2 右側の端の目にもう一度糸を通し、左側の編み地の1目めと2目めの間の渡り糸をすくって糸を通す。

3 同様に右側の編み地も渡り糸をすくって糸を通す。

4 1段ずつ渡り糸をすくってとじていく（すくいとじ・P.94）。糸をきつく引きすぎると編み地がつれるので注意。

●袖つけ

引き抜きとじ▶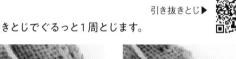

袖と身ごろを中表に合わせて、引き抜きとじでぐるっと1周とじます。

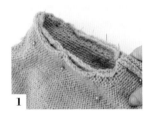   

1 袖と身ごろを中表に合わせて、まち針で仮どめする。なるべく細かくとめるとずれにくい。

2 脇線の内側からとじ始める。2枚の編み地の1目内側にかぎ針を通し、糸を引き出す。（見やすいように色を替えています）

3 鎖編みを編む要領で引き抜きとじ（P.94）でとじていく。

4 ぐるっと1周とじたところ。つれがないか、確認してから糸を始末する。

●襟の拾い目

襟ぐりは新しい糸をつけて均等に目を引き出し、1目ゴム編みを編みます。

 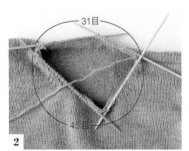

1 針は5本針4号を使用。段の部分は4段に3目の割合で目を引き出す（見やすいように色を替えています）。

2 前身ごろから45目、後ろ身ごろから31目引き出し、1目ゴム編みをわに編む。

04 《P.9》 ふわふわつけ襟

●ボタンホール

1
最後の2目を残して編み、右針に糸をかける（かけ目・P.90）。

2
左針の2目を左上2目一度で編む。

3
かけ目の部分が空いて、ボタンホールになる。

かけ目▶

●編み出し増し目

1
増し目をする部分の目を表目で編む（①）。左針の目ははずさずにおく。

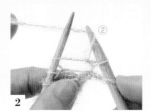

2
右針に糸をかける（②）。

3
そのまままた一度左針の目を表目で編む（③）。

4
1〜3をくり返して1目の中に3目ずつ編んで（☆）増し目をする（編み出し増し目・P.92）。

08 《P.14》 アラン模様のカーディガン

右上2目交差▶

●なわ編み

1
交差する部分は、右側2目を上にするので、まず2目（★）を編まずになわ編み針に移して編み地の手前に置く。

2
左針の2目（☆）を表目で編む。

3
なわ編み針の2目（★）を左針に移す。

4
3で移した2目を表目で編む。右上2目交差（P.93）のでき上がり。

●ボッブル編み

1
編みつける目にかぎ針を入れて糸を引き出す。

2
鎖2目で立ち上がり、長編み（P.82）の途中までを3目分編む。針に糸をかけて矢印のように引き出して玉編みを編む。

3
玉編みが編めたところ。

4
かぎ針の目を右の棒針に移し、次の目から棒針で編む。

この本で使った糸のこと

この本の作品で使用した糸をご紹介します。好みの糸、色を見つけてアレンジするのもおすすめです。

※糸はすべてハマナカ株式会社の商品です。写真は実物大。

1

1. ハマナカ アメリー
ウール 〈WO〉 70%（ニュージーランドメリノウール）・
アクリル 〈PC〉 30%
40g玉巻（約110m） 52色
棒針6〜7号 660円（税込）

2

2. ハマナカ わんぱくデニス
アクリル 〈PC〉 70%・
ウール 〈WO〉 30%（防縮加工ウール使用）
50g玉巻（約120m） 37色
棒針6〜7号 539円（税込）

3

3. ハマナカ ソノモノ アルパカウール《並太》
ウール 〈WO〉 60%・アルパカ 〈WP〉 40%
40g玉巻（約92m） 7色
棒針6〜8号 693円（税込）

4

4. ハマナカ ソノモノ アルパカウール
ウール 〈WO〉 60%・アルパカ 〈WP〉 40%
40g玉巻（約60m） 11色
棒針10〜12号 693円（税込）

5

5. ハマナカ ソノモノ アルパカブークレ
ウール 〈WO〉 80%・アルパカ 〈WP〉 20%
40g玉巻（約76m） 5色
棒針8〜10号 869円（税込）

6. ハマナカ ソノモノ ループ
ウール 〈WO〉 60%・アルパカ 〈WP〉 40%
40g玉巻（約38m） 3色
棒針15〜8mm 858円（税込）

6

7. ハマナカ ソノモノ ヘアリー
アルパカ 〈WP〉 75%・ウール 〈WO〉 25%
25g玉巻（約125m） 6色
棒針7〜8号 748円（税込）

7

※品質→仕立て→糸長→色数→適合針→価格の順に表記しています。
※色数、価格は2023年7月現在のものです。
※印刷物のため、色は多少異なる場合があります。
※糸に関するお問い合わせは下記までお願いいたします。

ハマナカ株式会社　TEL 075-463-5151（代表）
〒616-8585 京都府京都市右京区花園藪ノ下町2番地の3
http://hamanaka.co.jp

01 プレーンなセーター　Size120 《P.6》

〔材料と用具〕

ハマナカ アメリー／オートミール（col.40）205g

ハマナカ アミアミ手あみ針玉付2本針6号・4号、ハ
マナカ アミアミ短5本針4号、ハマナカ アミアミ両か
ぎ針ラクラク5/0号

〔ゲージ（10cm角）〕

メリヤス編み21目×30段

〔でき上がりサイズ〕

胸囲78cm　背肩幅32cm　着丈44cm　袖丈38cm

〔編み方のポイント〕　※糸は1本どり

1　前後身ごろ、袖とも指でかける作り目で編み始め、1目ゴム編み、メリヤス
　　編みで編む。

2　肩はかぶせはぎにする。

3　襟ぐりは拾い目して1目ゴム編みをわに編み、1目ゴム編み止めにする。

4　両脇、袖下をすくいとじでとじる。

5　袖と身ごろを中表に合わせ、引き抜きとじでとじる。

※ P.26 ～ 31の BASIC LESSON 参照。

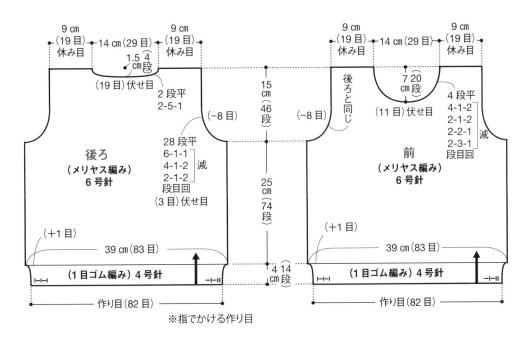

※指でかける作り目

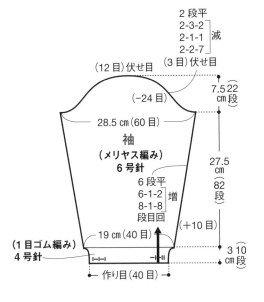

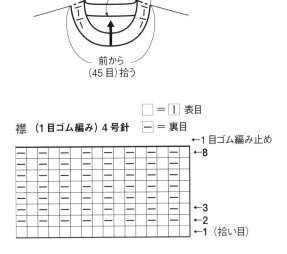

□ = | 表目

－ = 裏目

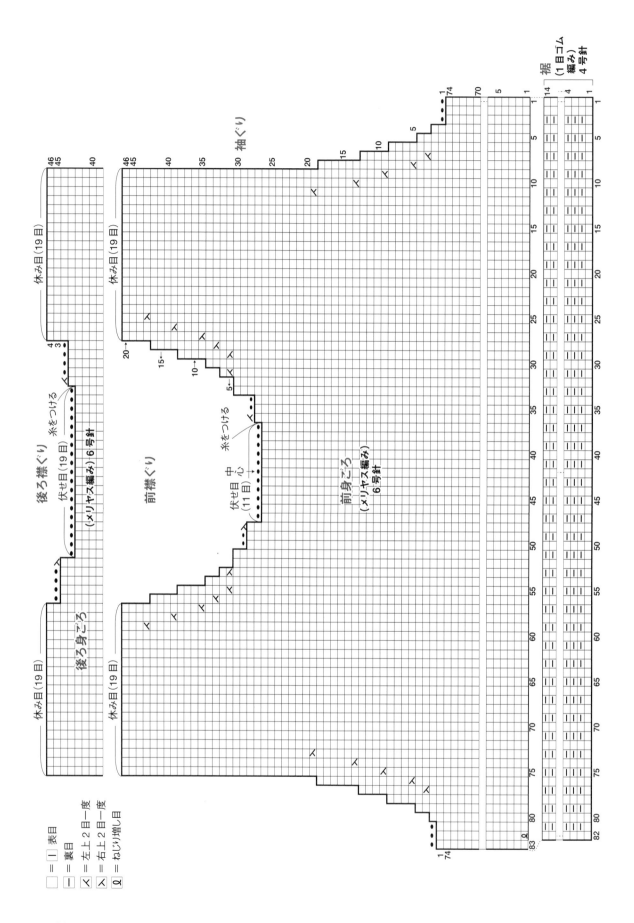

34

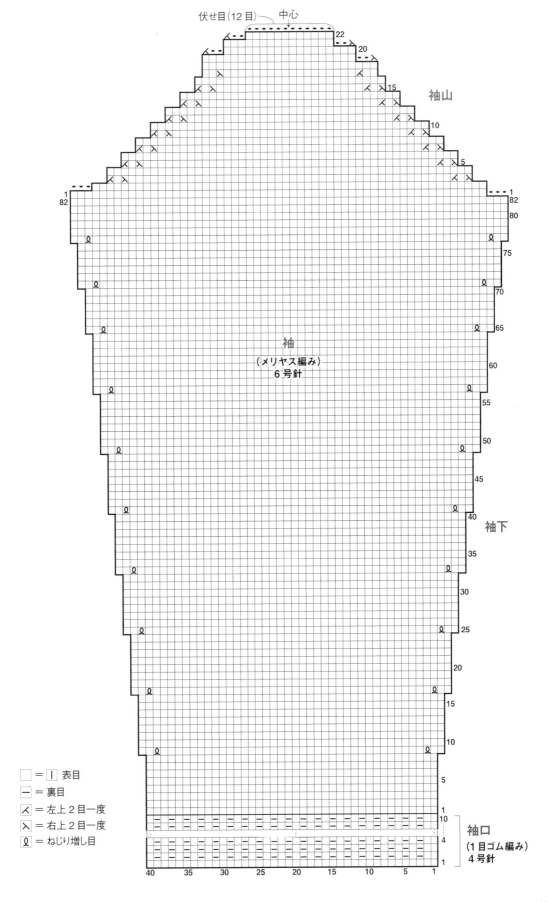

伏せ目（12目）　中心

22

20

袖山

15

10

5

1　　　　　　　　　　　　　　　　　　　　　　　1
82　　　　　　　　　　　　　　　　　　　　　　　82
　　　　　　　　　　　　　　　　　　　　　　　80

75

70

65

袖
（メリヤス編み）
6号針
60

55

50

45

40　袖下

35

30

25

20

15

10

5

1
10
4
1

袖口
（1目ゴム編み）
4号針

□ = Ｉ 表目

― = 裏目

✕ = 左上2目一度

ㅅ = 右上2目一度

Ω = ねじり増し目

40　　35　　30　　25　　20　　15　　10　　5　　1

02 もこもこ糸のセーター　Size110　《P.7》

〔材料と用具〕
ハマナカ ソノモノ アルパカブークレ／生成り（col.151）
155ｇ、ハマナカ アメリー／ナチュラルブラウン（col.23）
25ｇ、ボタン（15㎜）1個
ハマナカ アミアミ手あみ針玉付2本針8号・4号、ハマ
ナカ アミアミ短5本針4号、ハマナカ アミアミ両かぎ
針ラクラク8/0号

〔ゲージ（10㎝角）〕
メリヤス編み16目×22段

〔でき上がりサイズ〕
胸囲74㎝　背肩幅30㎝　着丈42㎝　袖丈36㎝

〔編み方のポイント〕　※糸は1本どり
1　前後身ごろ、袖とも指でかける作り目で編み始め、1目ゴム編み、メリヤ
　　ス編みで編む。
2　肩はかぶせはぎにする。
3　襟は指定位置から目を拾い、ボタンホールを作りながら往復に1目ゴム編
　　みを編む。編み終わりは1目ゴム編み止めにする。ボタンをつける。
4　両脇、袖下をすくいとじでとじる。
5　袖と身ごろを中表に合わせ、引き抜きとじでとじる。

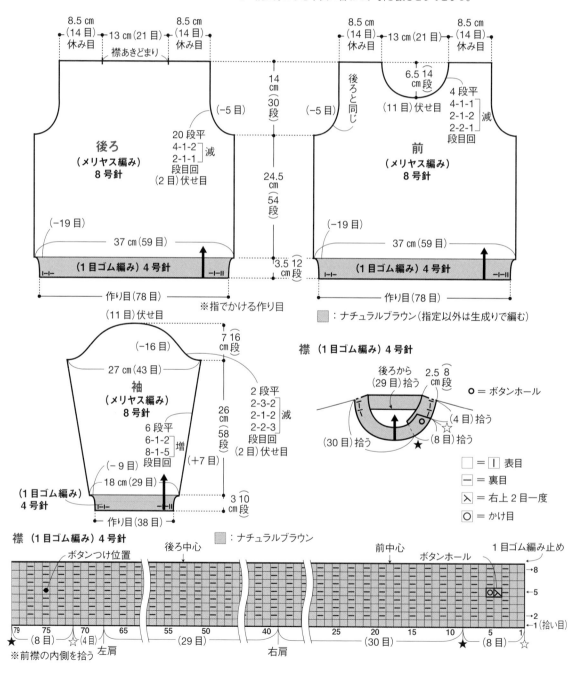

〔編み図表記〕
□ ＝ Ｉ 表目
－ ＝ 裏目
╲ ＝ 右上2目一度
○ ＝ かけ目

○ ＝ ボタンホール

□：ナチュラルブラウン（指定以外は生成りで編む）

襟（1目ゴム編み）4号針

※前襟の内側を拾う

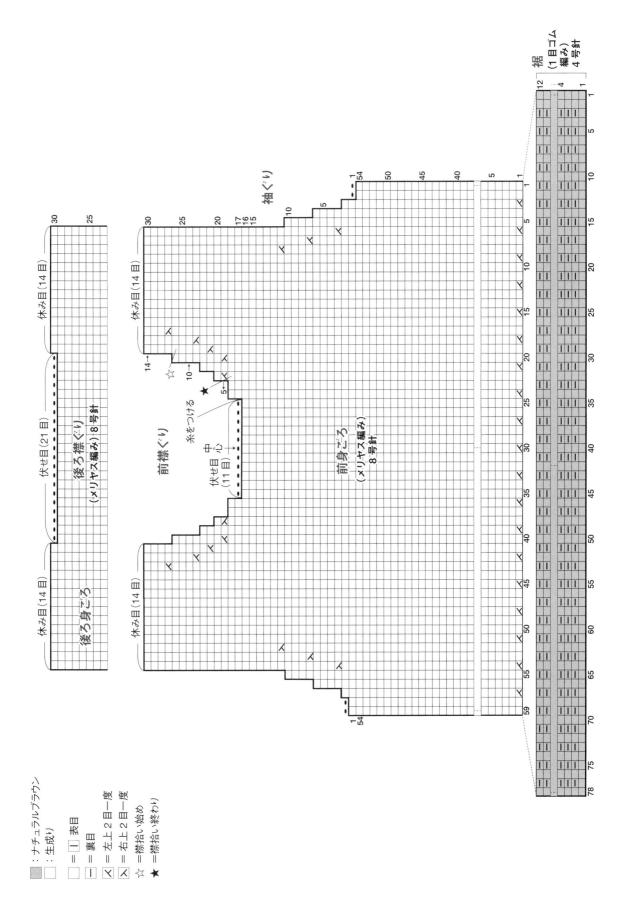

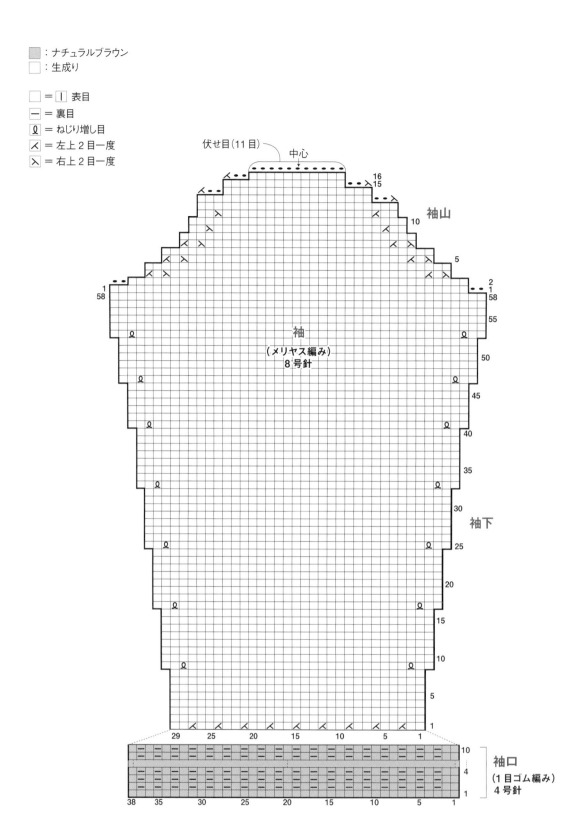

：ナチュラルブラウン

：生成り

□ = Ｉ 表目

一 = 裏目

Ｑ = ねじり増し目

Ｋ = 左上２目一度

Ｋ = 右上２目一度

伏せ目（11目）

中心

袖山

袖

（メリヤス編み）

8号針

袖下

袖口

（1目ゴム編み）

4号針

03 ペプラム切り替えのチュニック　Size130　《P.8》

〔材料と用具〕
ハマナカアメリー／ナチュラルブラック（col.24）375g
ハマナカ アミアミ手あみ針玉付2本針6号・4号、ハマ
ナカ アミアミ短5本針4号、ハマナカ アミアミ両かぎ
針ラクラク5/0号
〔ゲージ（10cm角）〕
メリヤス編み21目×30段
〔でき上がりサイズ〕
胸囲82cm　背肩幅34cm　着丈55cm　袖丈40.5cm

〔編み方のポイント〕　※糸は1本どり
1　前後身ごろ、袖とも指でかける作り目で編み始め、1目ゴム編み、メリヤ
　　ス編みで編む。身ごろの切り替え位置は図を参照して減らし目をする。
2　肩は休み目にし、かぶせはぎにする。
3　襟ぐりは拾い目して1目ゴム編みをわに編み、1目ゴム編み止めにする。
4　両脇、袖下をすくいとじでとじる。
5　袖と身ごろを中表に合わせ、引き抜きとじでとじる。

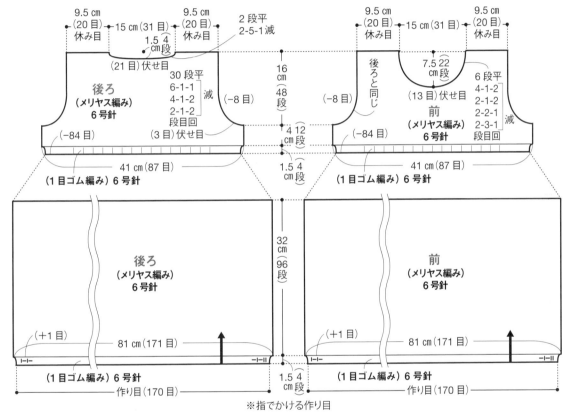

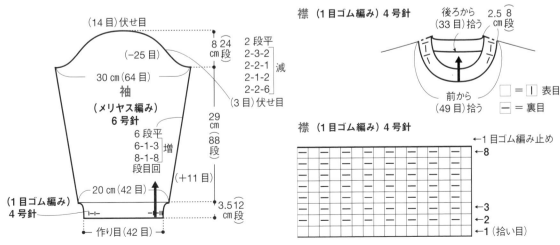

39

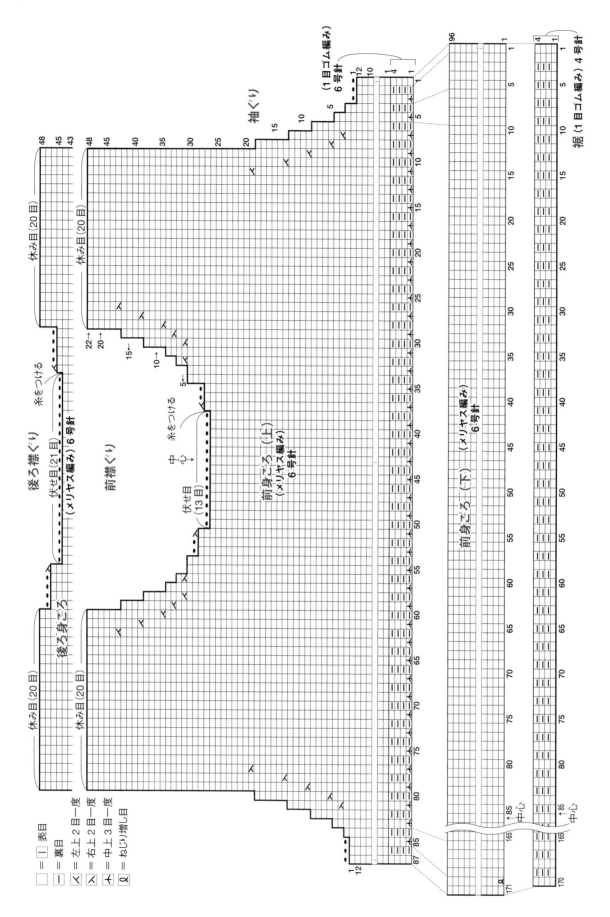

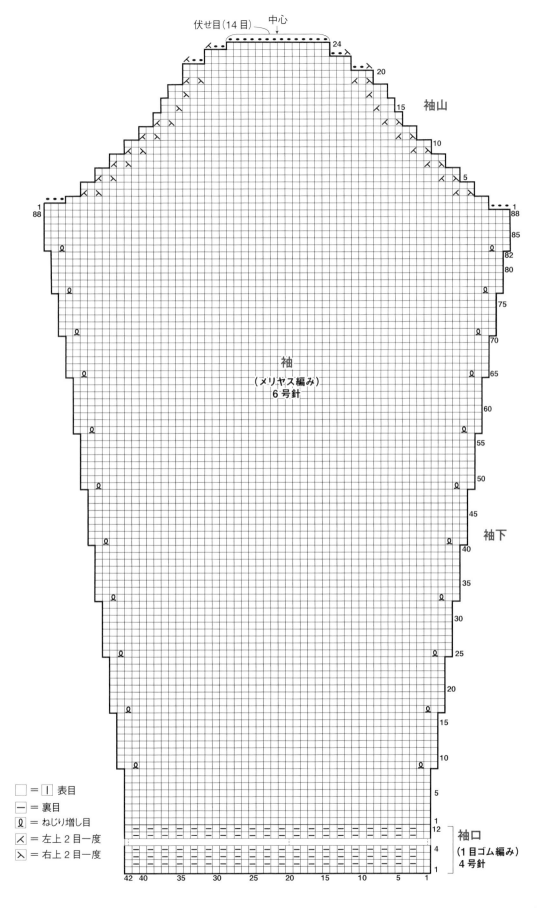

伏せ目（14目）　中心

24

袖山

20

15

10

5

1
88

1
88

85
82
80

75

70

袖
（メリヤス編み）
6号針

65

60

55

50

45

袖下

40

35

30

25

20

15

10

5

1
12

袖口
（1目ゴム編み）
4号針

4

1

□ ＝ Ｉ 表目
― ＝ 裏目
Ｑ ＝ ねじり増し目
Ｘ ＝ 左上2目一度
Ｘ ＝ 右上2目一度

42 40　　35　　30　　25　　20　　15　　10　　5　　1

41

■シンプルなセーター

〔材料と用具〕

ハマナカ ソノモノ アルパカウール《並太》／薄グレー（col.64）300g

ハマナカ アミアミ手あみ針玉付2本針6号・4号、ハマナカ アミアミ短5本針4号、ハマナカ アミアミ両かぎ針 ラクラク5/0号

〔ゲージ（10cm角）〕

メリヤス編み21目×29段

〔でき上がりサイズ〕

胸囲86cm　背肩幅36cm　着丈48cm　袖丈43.5cm

〔編み方のポイント〕　※糸は1本どり

1　前後身ごろ、袖とも指でかける作り目で編み始め、1目ゴム編み、メリヤス編みで編む。

2　肩は休み目にし、かぶせはぎにする。

3　襟ぐりは拾い目して1目ゴム編みをわに編み、1目ゴム編み止めにする。

4　両脇、袖下をすくいとじでとじる。

5　袖と身ごろを中表に合わせ、引き抜きとじでとじる。

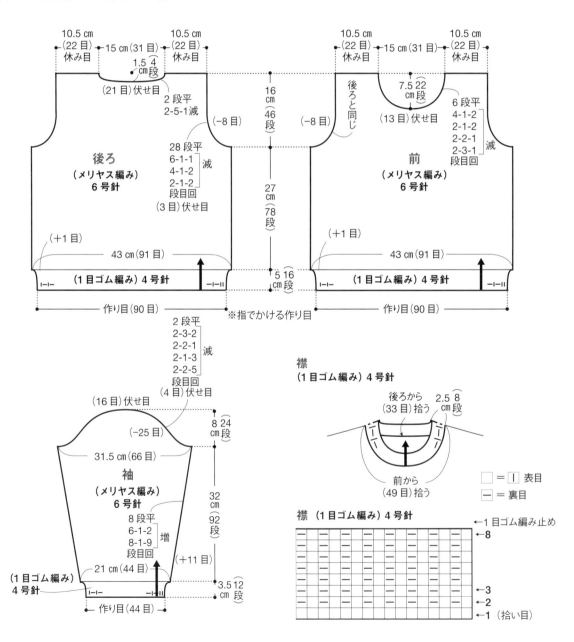

□ = ∣ 表目

― = 裏目

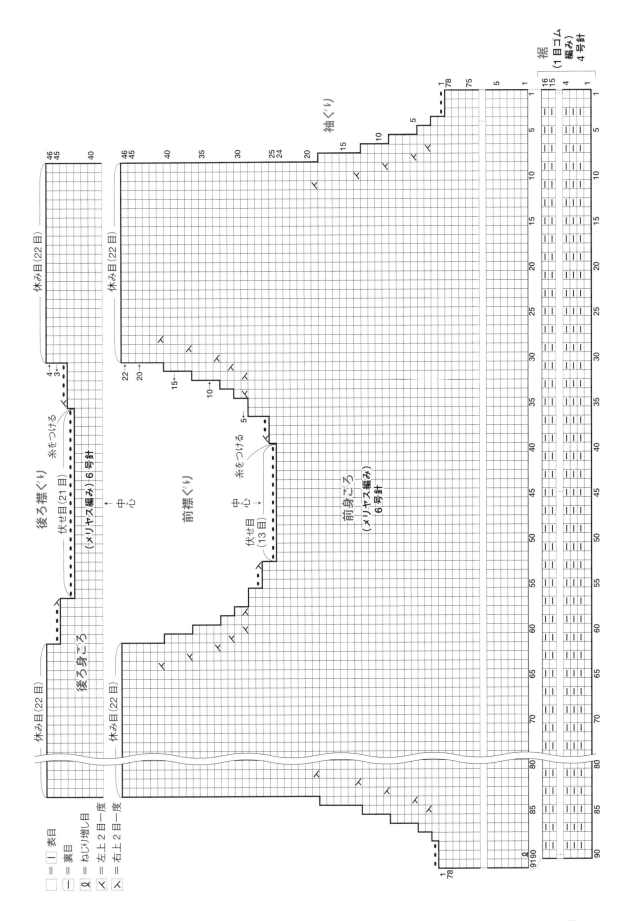

43

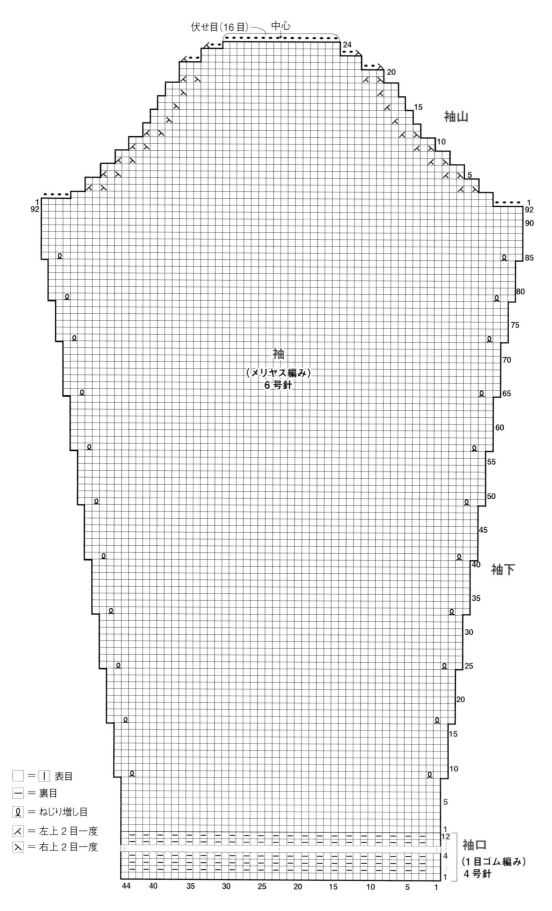

伏せ目（16目）　中心

24

袖山

20

15

10

5

1
92

1
92

90

85

80

75

袖
（メリヤス編み）
6 号針

70

65

60

55

50

45

40　袖下

35

30

25

20

15

10

5

□ = I 表目

− = 裏目

Q = ねじり増し目

⋏ = 左上 2 目一度

⋋ = 右上 2 目一度

1
12

4

1

袖口
（1目ゴム編み）
4 号針

44　　40　　35　　30　　25　　20　　15　　10　　5　　1

44

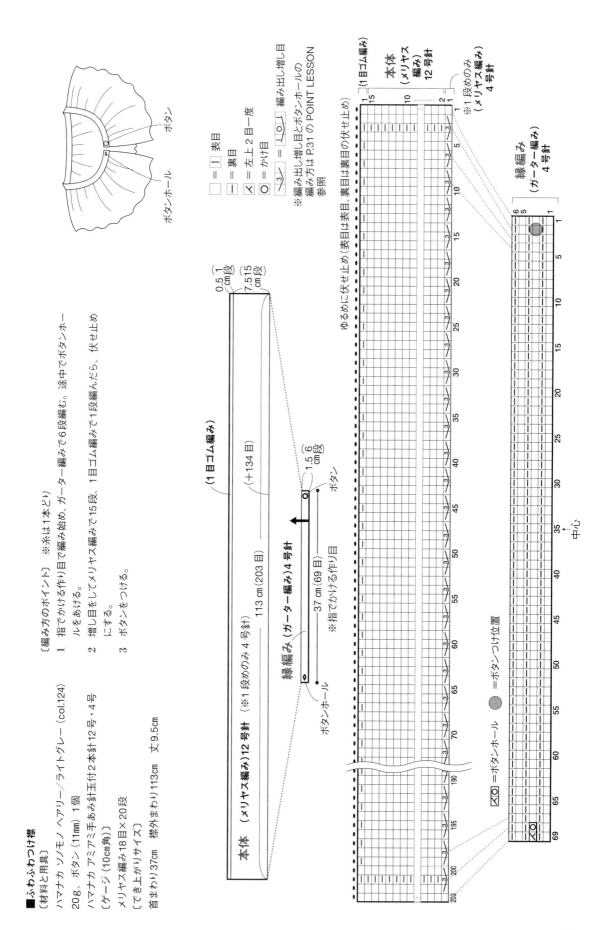

■ふわふわつけ襟

【材料と用具】

ハマナカ ソノモノ ヘアリー／ライトグレー (col.124)
20g、ボタン (11mm) 1個
ハマナカ アミアミ手あみ針玉付2本針12号・4号
【ゲージ (10cm角)】
メリヤス編み18目×20段
【でき上がりサイズ】
首まわり37cm　襟外まわり113cm　丈9.5cm

【編み方のポイント】　※糸は1本どり

1 指でかける作り目で編み始め、ガーター編みで6段編む。途中でボタンホールをあける。

2 増し目をしてメリヤス編みで15段、1目ゴム編みで1段編んだら、伏せ止めにする。

3 ボタンをつける。

［表目］□ = 表目
□ = 裏目
区 = 左上2目一度
○ = かけ目
〔3 T ○ ⊥〕= 編み出し増し目

※編み出し増し目とボタンホールの
編み方はP.31のPOINT LESSON
参照

※1段めのみ（メリヤス編み）
4号針

本体　（メリヤス編み）12号針　（※1段めのみ4号針）

113cm (203目)

(1目ゴム編み)

(＋134目)

縁編み (ガーター編み) 4号針

37cm (69目)

※指でかける作り目

ボタンホール

ボタン

1.5 (6cm段)

本体
(メリヤス編み)
12号針

(1目ゴム編み)

ゆるめに伏せ止め（表目は表目、裏目は裏目の伏せ止め）

縁編み
(ガーター編み)
4号針

※1段めのみ
(メリヤス編み)
4号針

中心

●=ボタンつけ位置

区○ =ボタンホール

0.5(1cm段)
7.5 15(cm段)

05 ボーダー柄のセーター&バラクラバ Size130 《P.10》

■ボーダー柄のセーター

〔材料と用具〕

ハマナカ アメリー／チャイナブルー（col.29）190g・ベージュ（col.21）40g・オートミール（col.40）10g

ハマナカ アミアミ手あみ針玉付2本針6号・4号、ハマナカ アミアミ短5本針4号、ハマナカ アミアミ両かぎ針ラクラク5/0号

〔ゲージ（10cm角）〕

メリヤス編み21目×30段

〔でき上がりサイズ〕

胸囲82cm　背肩幅34cm　着丈46cm　袖丈40.5cm

〔編み方のポイント〕　※糸は1本どり

1　前後身ごろ、袖とも指でかける作り目で編み始め、1目ゴム編み、メリヤス編みで色を替えながら編む。

2　肩は休み目にし、かぶせはぎにする。

3　襟ぐりは拾い目して1目ゴム編みをわに編み、1目ゴム編み止めにする。

4　エルボーパッチを編み、袖の指定位置にかがりつける。

5　両脇、袖下をすくいとじでとじる。

6　袖と身ごろを中表に合わせ、引き抜きとじでとじる。

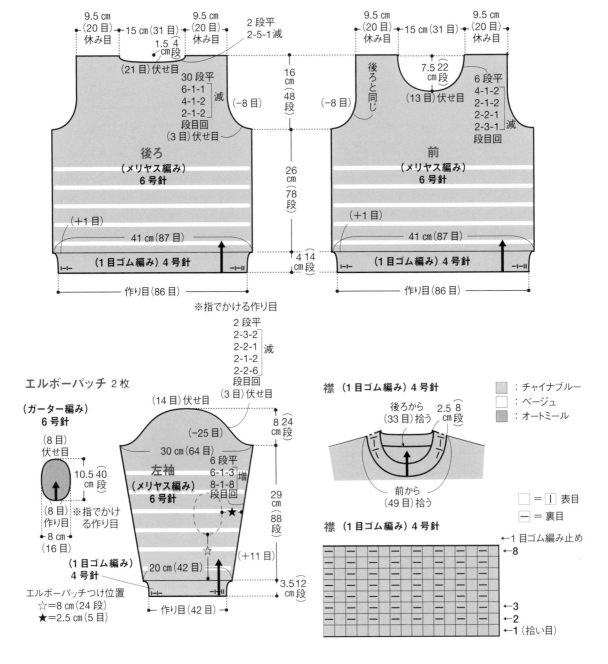

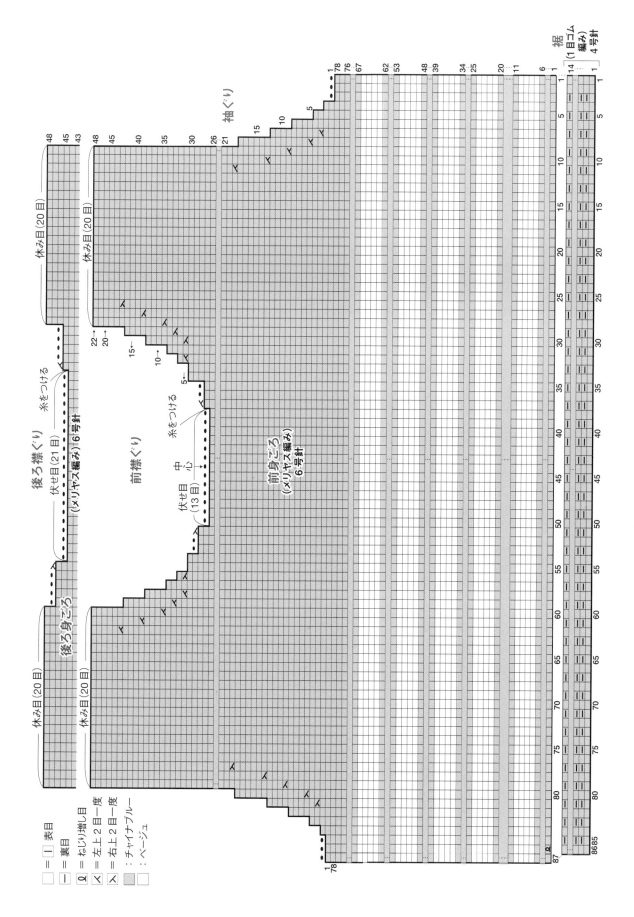

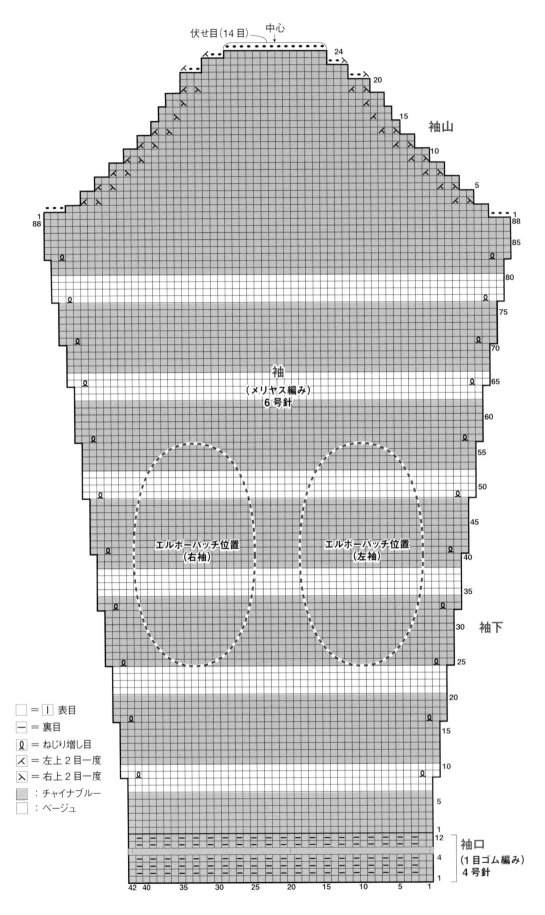

伏せ目（14目）　中心

24
20
15
10
5

袖山

1
88

1
88

85
80
75
70
65
60
55
50
45
40
35
30
25
20
15
10
5

袖
（メリヤス編み）
6号針

エルボーパッチ位置
（右袖）

エルボーパッチ位置
（左袖）

袖下

1
12

4
1

袖口
（1目ゴム編み）
4号針

42 40　　35　　30　　25　　20　　15　　10　　5　　1

□ ＝ Ｉ 表目
− ＝ 裏目
 Q ＝ ねじり増し目
✗ ＝ 左上2目一度
✗ ＝ 右上2目一度
▨ ：チャイナブルー
□ ：ベージュ

48

■バラクラバ

〔材料と用具〕

ハマナカ アメリー／チャイナブルー（col.29）75g、
ボタン（18mm）2個
ハマナカ アミアミ手あみ針玉付2本針6号・4号

〔ゲージ（10cm角）〕

メリヤス編み21目×30段

〔でき上がりサイズ〕

フードの高さ39cm　幅24.5cm

〔編み方のポイント〕　※糸は1本どり

1　指でかける作り目で編み始める。ネック部分は2目ゴム編みで編む。

2　フード部分はメリヤス編みで編む。途中減らし目をしながら編む。

3　フードの左右は休み目、中央は両端に巻き増し目をして編み、伏せ止めにする。

4　休み目の部分とフードトップ部分（◆、△部分）をはぎ合わせる（目と段のはぎ）。

5　ネックとフードから目を拾い、両端は巻き増し目をして1目ゴム編みで前立てを編む。右前はボタンホールをあける。指定位置にボタンをつける。

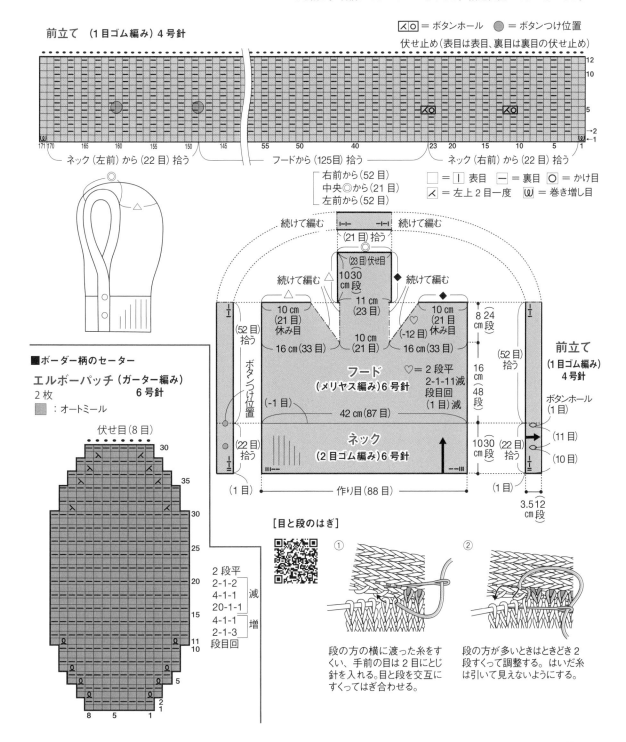

■ボーダー柄のセーター

エルボーパッチ（ガーター編み）6号針
2枚
　：オートミール

[目と段のはぎ]

①　段の方の横に渡った糸をすくい、手前の目は2目にとじ針を入れる。目と段を交互にすくってはぎ合わせる。

②　段の方が多いときはときどき2段すくって調整する。はいだ糸は引いて見えないようにする。

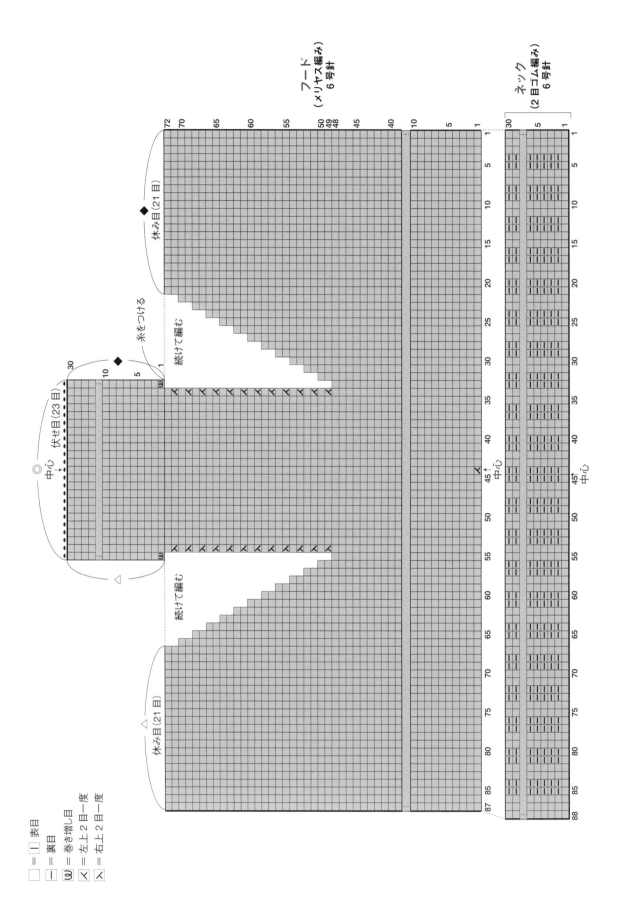

フード
（メリヤス編み）
6号針

ネック
（2目ゴム編み）
6号針

休み目（21目）

休み目（21目）

糸をつける

続けて編む

続けて編む

中心

伏せ目（23目）

中心

中心

中心

= 表目
= 裏目
⊌ = 巻き増し目
人 = 左上2目一度
入 = 右上2目一度

06·07 ベーシックなカーディガン

Size 06/110・120兼用　07/130・140兼用《P.12-13》

※06・07それぞれ110・120兼用、130・140兼用サイズが編めます。

〔材料と用具〕

06　ハマナカ アメリー／ ライラック(col.42) 200g（〈130・140兼用〉は260g）

07　ハマナカ アメリー ／ セージグリーン(col.54) 260g（〈110・120兼用〉は240g）、ボタン(15mm) 5個

ハマナカ アミアミ手あみ針玉付2本針7号、ハマナカ アミアミ両かぎ針ラクラク5/0号

〔ゲージ(10cm角)〕

模様編み＝21目×31段

〔でき上がりサイズ〕

06　胸囲76cm　背肩幅32cm　着丈38cm　袖丈34cm

07　胸囲81cm　背肩幅35.5cm　着丈43cm　袖丈36cm

〔編み方のポイント（06・07共通）〕　※糸は1本どり

1　指でかける作り目で編み始め、前後身ごろを続けて編む。

2　肩は休み目にし、かぶせはぎにする。

3　袖を編み、袖下をすくいとじでとじる。身ごろと中表に合わせて引き抜きとじでとじる。

4　襟ぐりから目を拾って襟を編む。

5　06はリボンを編んで身ごろに共糸でまつりつける。07は前立てを編み、ボタンをつける。ポケットを編み、身ごろにとじつける。

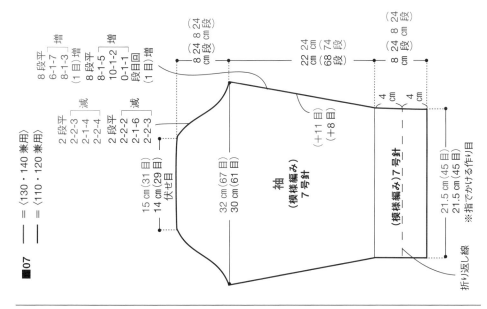

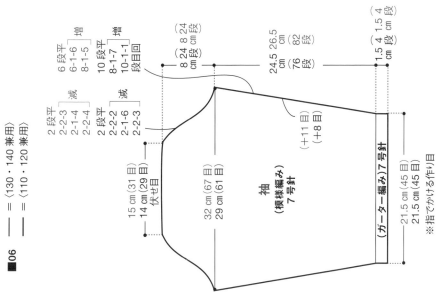

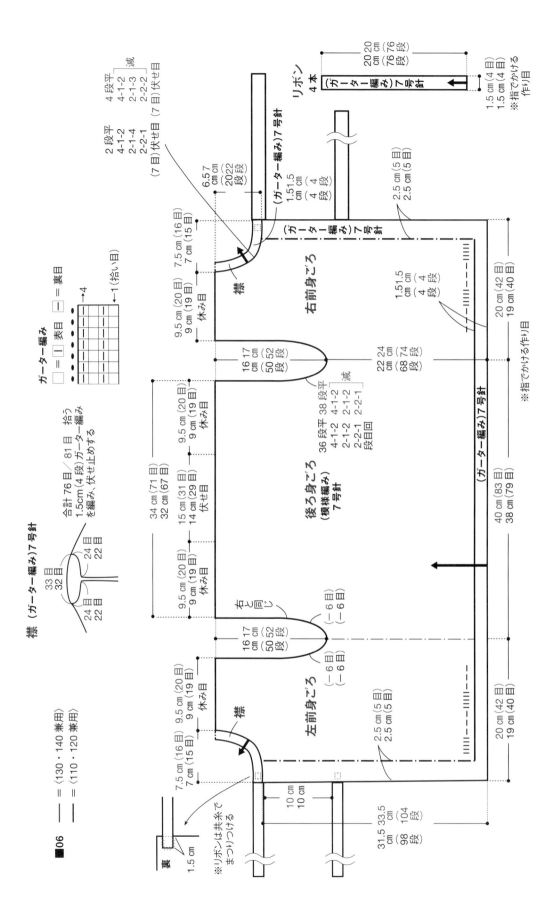

■06

—— ＝〈130・140 兼用〉
—— ＝〈110・120 兼用〉

裏

1.5 cm

ガーター編み

□ ＝ 裏目
Ｉ ＝ 表目
□ ＝ 裏目

←1〈拾い目〉

襟（ガーター編み）7号針

合計 76目／81目 拾う
1.5cm（4段）ガーター編み
を編み、伏せ止めする

33目／32目

24目／22目   24目／22目

リボン
4本

20 20
cm cm（76段）
76段

（ガーター編み）7号針
←

1.5 cm（4目）
1.5 cm（4目）

※指でかける
作り目

2段平
4-1-2
2-1-4
2-2-1
〈7目〉伏せ目 〈7目〉伏せ目

4段平
4-1-2 減
2-1-3
2-2-2

6.5 7
cm cm
2022
段段

1.5 1.5
cm cm
（4 4
段 段）

襟

右前身ごろ

（ガーター編み）7号針

7.5 cm（16目）
7 cm（15目）

9.5 cm（20目）
9 cm（19目）
休み目

16 17
cm cm
50 52
段段

22 24
cm cm
68 74
段段 減

36 段平 38 段平
4-1-2 4-1-2
2-1-2 2-1-2
2-2-1 2-2-1
段目回

（ガーター編み）7号針

2.5 cm（5目）
2.5 cm（5目）

1.5 1.5
cm cm
（4 4
段 段）

20 cm（42目）
19 cm（40目）

後ろ身ごろ
（模様編み）
7号針

34 cm（71目）
32 cm（67目）

15 cm（31目）
14 cm（29目）
伏せ目

9.5 cm（20目）
9 cm（19目）
休み目

※指でかける作り目

右と同じ

左前身ごろ

襟

9.5 cm（20目）
9 cm（19目）
休み目

16 17
cm cm
50 52
段段

〈−6目〉
〈−6目〉

〈−6目〉
〈−6目〉

40 cm（83目）
38 cm（79目）

7.5 cm（16目）
7 cm（15目）

9.5 cm（20目）
9 cm（19目）
休み目

2.5 cm（5目）
2.5 cm（5目）

10 cm
10 cm

20 cm（42目）
19 cm（40目）

31.5 33.5
cm cm
98 104
段段

※リボンは共糸で
まつりつける

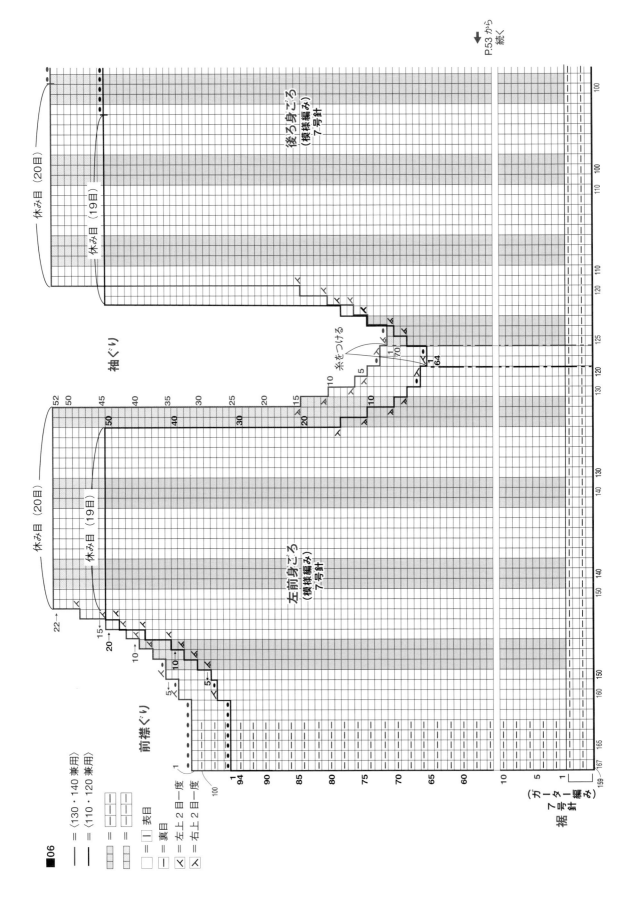

P.53から続く

54

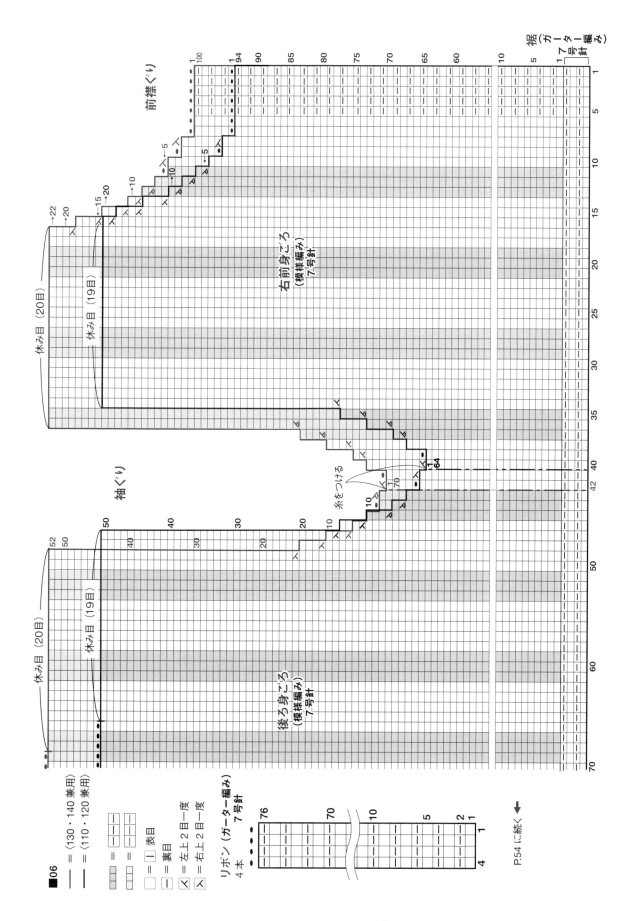

P.54に続く

53

■06

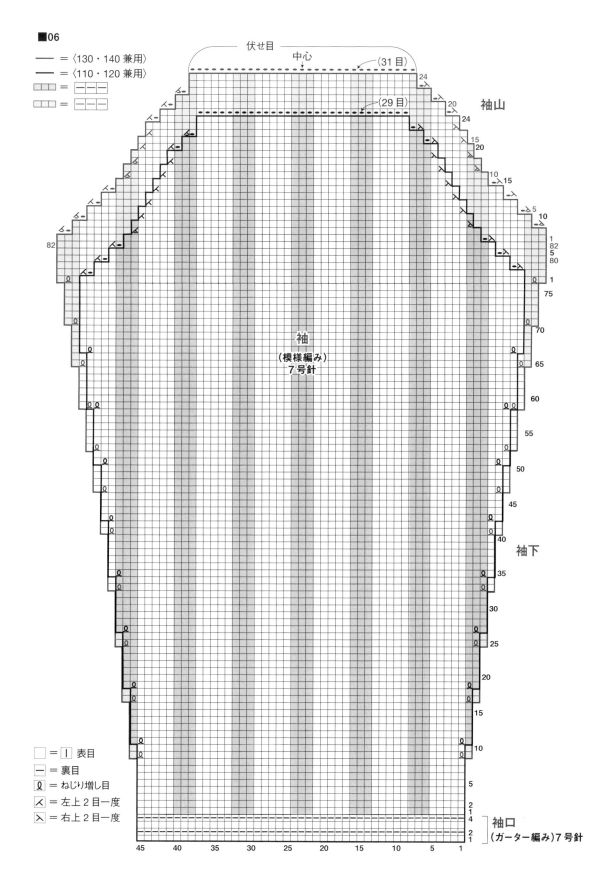

= 〈130・140 兼用〉
= 〈110・120 兼用〉
= ———
= ———

□ = | 表目
— = 裏目
Ω = ねじり増し目
ㅅ = 左上2目一度
ㅅ = 右上2目一度

伏せ目
中心
(31目)
(29目)
袖山

袖
(模様編み)
7号針

袖下

袖口
(ガーター編み)7号針

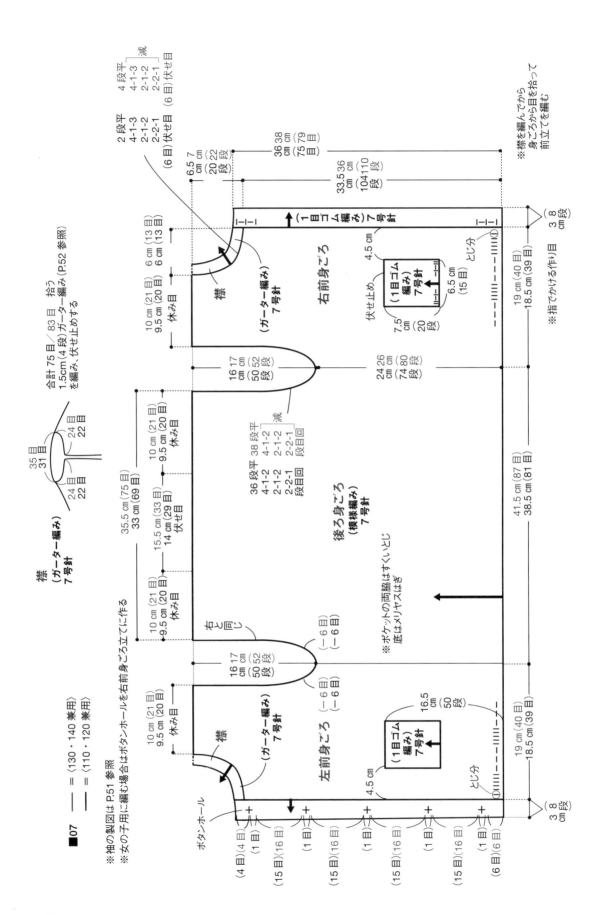

■07

—— = 〈130・140 兼用〉
—— = 〈110・120 兼用〉

※袖の製図は P.51 参照
※女の子用に編む場合はボタンホールを右前身ごろ立てに作る

襟
（ガーター編み）
7号針

35目
31目

24目
22目

24目
22目

合計 75目／83目 拾う
1.5cm（4段）ガーター編み（P.52 参照）
を編み、伏せ止めする

10 cm（21目）
9.5 cm（20目）
休み目

35.5 cm（75目）
33 cm（69目）

15.5 cm（33目）
14 cm（29目）
伏せ目

10 cm（21目）
9.5 cm（20目）
休み目

10 cm（21目）
9.5 cm（20目）
休み目

襟
（ガーター編み）
7号針

右と同じ

16 17 cm
（50 52 段）

（−6目）（−6目）
（−6目）（−6目）

後ろ身ごろ
（横様編み）
7号針

36 段平 38 段平
4-1-2　4-1-2
2-1-2　2-1-1
2-2-1　2-2-1
段目回　段目回

減

※ポケットの両脇はすくいとじ
底はメリヤスはぎ

左前身ごろ

（1目ゴム編み）
7号針

16.5 cm
（50段）

4.5 cm

ボタンホール

ボタンホール
（4目）（4目）

（1目）
（15目）（16目）

（1目）
（15目）（16目）

（1目）
（15目）（16目）

（1目）
（15目）（16目）

（1目）
（6目）（6目）

19 cm（40目）
18.5 cm（39目）

とじ分

3 8 段

41.5 cm（87目）
38.5 cm（81目）

※指でかける作り目

19 cm（40目）
18.5 cm（39目）

とじ分

3 8 段

右前身ごろ

（1目ゴム編み）
7号針

6.5 cm
（15目）

7.5 cm
（20段）

伏せ止め

4.5 cm

（1目ゴム編み）7号針

33.5 36 cm
（104 110 段）

36 38 cm
（75 79 目）

10 cm（21目）
9.5 cm（20目）
休み目

6 cm（13目）
6 cm（13目）

襟

（ガーター編み）
7号針

16 17 cm
（50 52 段）

24 26 cm
（74 80 段）

6.5 7 cm
（20 22 段）

2 段平
4-1-3
2-1-2
2-2-1
（6目）伏せ目

減

4 段平
4-1-3
2-1-2
2-2-1
（6目）伏せ目

減

※襟を編んでから
身ごろから目を拾って
前立てを編む

56

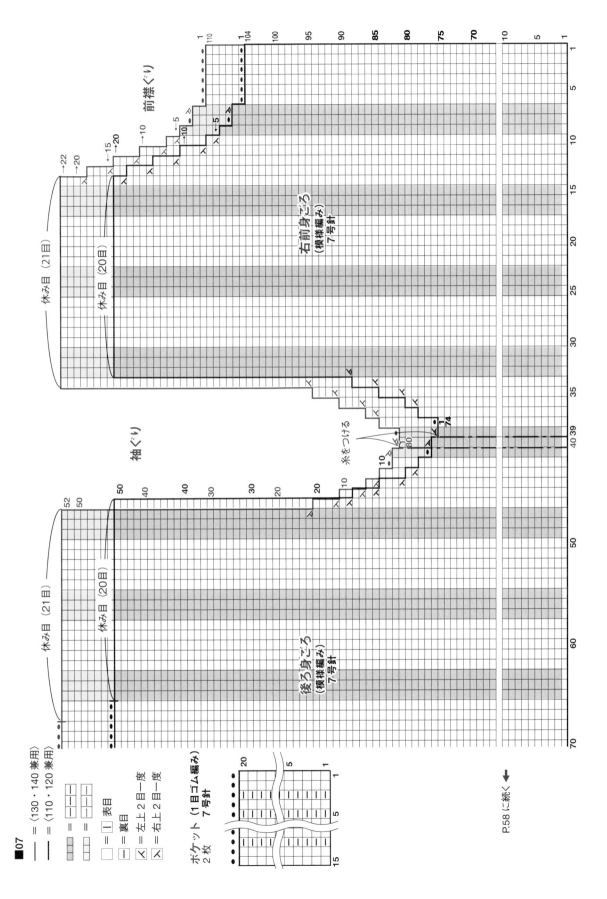

■07

= 〈130・140 兼用〉
= 〈110・120 兼用〉

前襟ぐり

休み目（21目）

休み目（20目）

→22
→20
→15
→20
→10
→15
→5
→10
→5
→5

右前身ごろ
（模様編み）
7号針

袖ぐり

糸をつける

→10

後ろ身ごろ
（模様編み）
7号針

休み目（21目）

休み目（20目）

52
50
50

ポケット（1目ゴム編み）7号針
2枚

= 〈130・140 兼用〉
= 〈110・120 兼用〉
= ⎜ー⎜ー
= ⎜ー⎜ー
= ⎜ー⎜ー
= ⎜ー⎜ー
□ = ⎜ 表目
ー = 裏目
⅄ = 左上2目一度
⅄ = 右上2目一度

P.58 に続く →

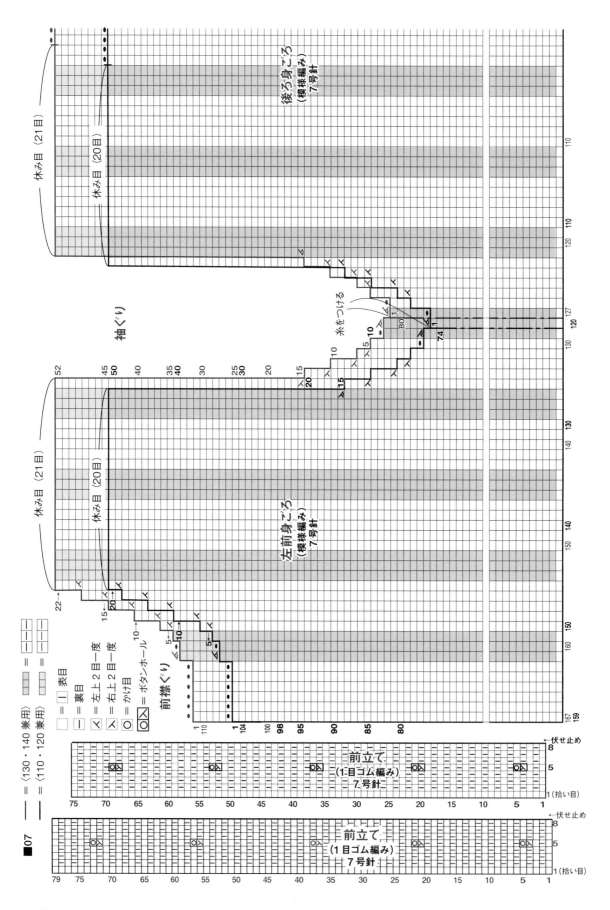

■07

58

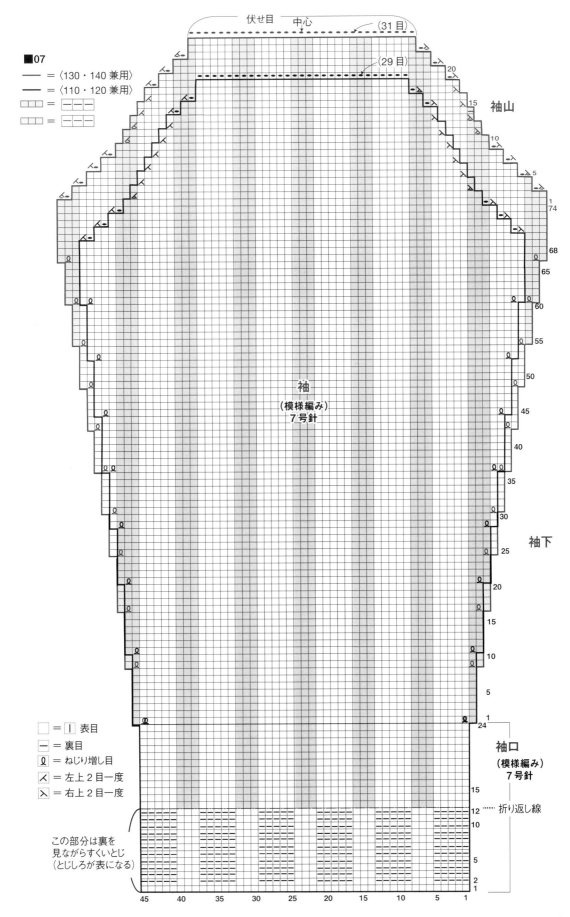

■07

— = 〈130・140 兼用〉
— = 〈110・120 兼用〉

伏せ目　中心　(31目)

(29目)

20

15　　袖山

10

5

1
74

68

65

60

55

50

45

40

35

30　　袖下

25

20

15

10

5

1
24

袖
(模様編み)
7号針

□ = | 表目
— = 裏目
ℚ = ねじり増し目
⼊ = 左上2目一度
⼊ = 右上2目一度

袖口
(模様編み)
7号針

15

12
10

5

2
1

…… 折り返し線

この部分は裏を
見ながらすくいとじ
(とじしろが表になる)

45　　40　　35　　30　　25　　20　　15　　10　　5　　1

08・09 アラン模様のカーディガン

※08・09それぞれ110・120兼用、130・140兼用サイズが編めます。

■08
〔材料と用具〕
ハマナカ アメリー／セラドン（col.37）380g、ボタン（18mm）6個
ハマナカ アミアミ手あみ針玉付2本針6号・4号、なわ編み針、
ハマナカ アミアミ両かぎ針ラクラク5/0号
〔ゲージ（10cm角）〕
メリヤス編み20目×28段　模様編みⒶ24目×28段
〔でき上がりサイズ〕
胸囲90cm　背肩幅38cm　着丈58.5cm　袖丈40cm

■09
〔材料と用具〕
ハマナカ アメリー／オリーブグリーン（col.38）320g、ボタン（18mm）6個
ハマナカ アミアミ手あみ針玉付2本針6号・4号、なわ編み針、ハ
マナカ アミアミ両かぎ針ラクラク5/0号
〔ゲージ（10cm角）〕
メリヤス編み20目×28段　模様編みⒶ24目×28段
〔でき上がりサイズ〕
胸囲82cm　背肩幅34cm　着丈52cm　袖丈37cm
〔編み方のポイント（08・09共通）〕　※糸は1本どり
1　前後身ごろは指でかける作り目で編み始め、2目ゴム編み
　　で裾を編む。続けてメリヤス編み、模様編みⒶ、Ⓑを編む。
2　肩は休み目にし、かぶせはぎにする。
3　袖は指でかける作り目でメリヤス編み、模様編みⒶを編む。減ら
　　し目をして袖口を編み、伏せ止めする。
4　襟ぐりは拾い目して2目ゴム編みを編み、伏せ止めにする。
5　両脇、袖下をすくいとじでとじる。
6　袖と身ごろを中表に合わせ、引き抜きとじでとじる。ボタンをつけ
　　る。

■08〈130・140 兼用〉

※身ごろの〈110・120 兼用〉は09を参照（ボタンホールは右前立てに作る）

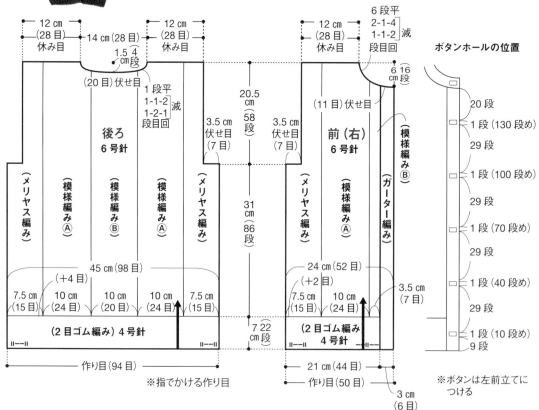

60

■08　── =〈130・140 兼用〉
　　　　── =〈110・120 兼用〉

袖

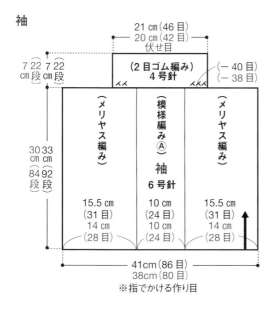

襟 〈130・140 兼用〉〕共通
　　〈110・120 兼用〉
（2目ゴム編み）6号針

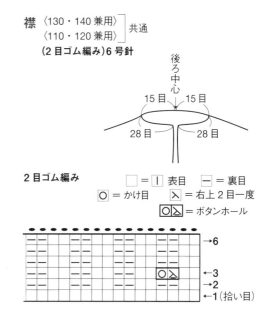

2目ゴム編み　　□ =１ 表目　　─ = 裏目
　　　　　　　　O = かけ目　　╲ = 右上２目一度
　　　　　　　　O╲ = ボタンホール

■08・09 共通

[身ごろの模様編み]

□ =１ 表目

─ = 裏目

╳╳ = 右上２目交差

╳╳ = 右上２目と
　　　　１目交差

╱╱ = 左上２目と
　　　　１目交差

■ = ボッブル編みつけ位置
　　（08のみ）

※編み方は P.31 の
　POINT LESSON を
　参照。玉編みの編み方
　は P.82 参照

■ =

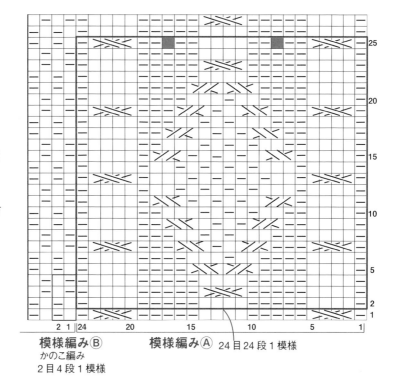

模様編み⒝　　　　模様編み⒜ 24目24段１模様
かのこ編み
2目4段１模様

■09 〈110・120 兼用〉

—— =〈130・140 兼用〉
—— =〈110・120 兼用〉

※身ごろの〈130・140 兼用〉は 08 を参照（ボタンホールは左前立てに作る）

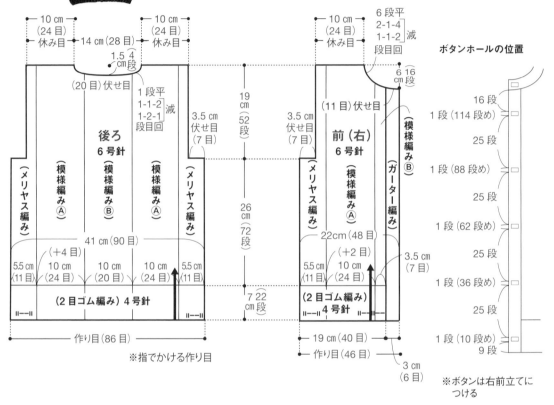

後ろ

─ 10 cm ─
（24 目）
・休み目

─14 cm（28 目）─

1.5 { 4
cm 段

（20 目）伏せ目

後ろ
6 号針

1 段平
1-1-2
1-2-1 減
段目回

3.5 cm
伏せ目
（7 目）

19
52
段

26
72
段

（メリヤス編み）

（模様編みA）

（模様編みB）

（模様編みA）

（メリヤス編み）

41 cm（90 目）

5.5 cm
（11 目）

10 cm
（24 目）（+4 目）

10 cm
（20 目）

10 cm
（24 目）

5.5 cm
（11 目）

（2 目ゴム編み）4 号針

7 22
cm 段

─ 作り目（86 目）─

※指でかける作り目

前（右）

─ 10 cm ─
（24 目）
・休み目

6 段平
2-1-4
1-1-2 減
段目回

6 16
段

（11 目）伏せ目

3.5 cm
伏せ目
（7 目）

前（右）
6 号針

（メリヤス編み）

（模様編みA）

（ガーター編み）

22cm（48 目）

5.5 cm
（11 目）

10 cm
（24 目）（+2 目）

3.5 cm
（7 目）

（2 目ゴム編み）
4 号針

─ 19 cm（40 目）─

作り目（46 目）

3 cm
（6 目）

ボタンホールの位置

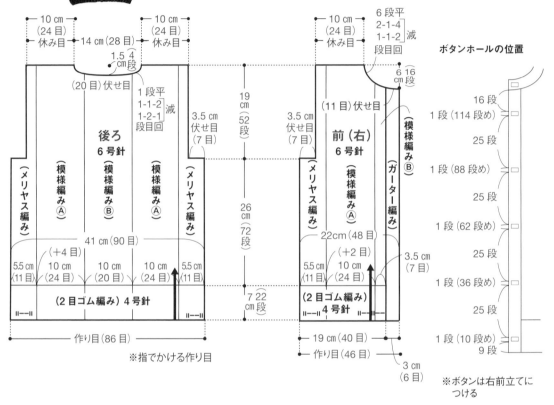

16 段
1 段（114 段め）
25 段
1 段（88 段め）
25 段
1 段（62 段め）
25 段
1 段（36 段め）
25 段
1 段（10 段め）
9 段

※ボタンは右前立てに
つける

袖

（2 目ゴム編み）
4 号針

35 cm（78 目）
33 cm（74 目）

（−8 目）
（−6 目）

3 8
cm 段

3 8
cm 段

（メリヤス編み）

（模様編みA）

袖
6 号針

（メリヤス編み）

34 37
cm cm
96 104
段 段

15.5 cm
（31 目）

10 cm
（24 目）

15.5 cm
（31 目）

14 cm
（28 目）

10 cm
（24 目）

14 cm
（28 目）

41cm（86 目）
38cm（80 目）

※指でかける作り目

襟 〈130・140 兼用〉
〈110・120 兼用〉 共通

（2 目ゴム編み）6 号針

後ろ中心

15 目 15 目

28 目 28 目

2 目ゴム編み

□ = I 表目　　 — = 裏目
O = かけ目　　 ⋋ = 右上 2 目一度
⋋O = ボタンホール

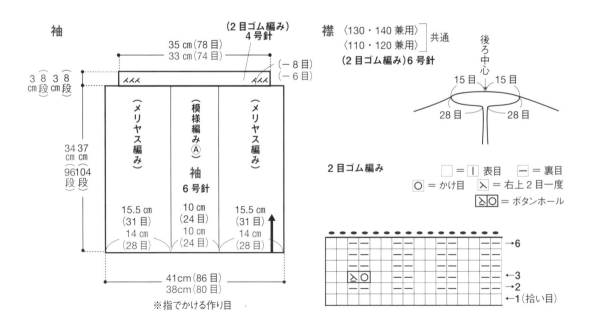

→6

←3
→2
←1（拾い目）

62

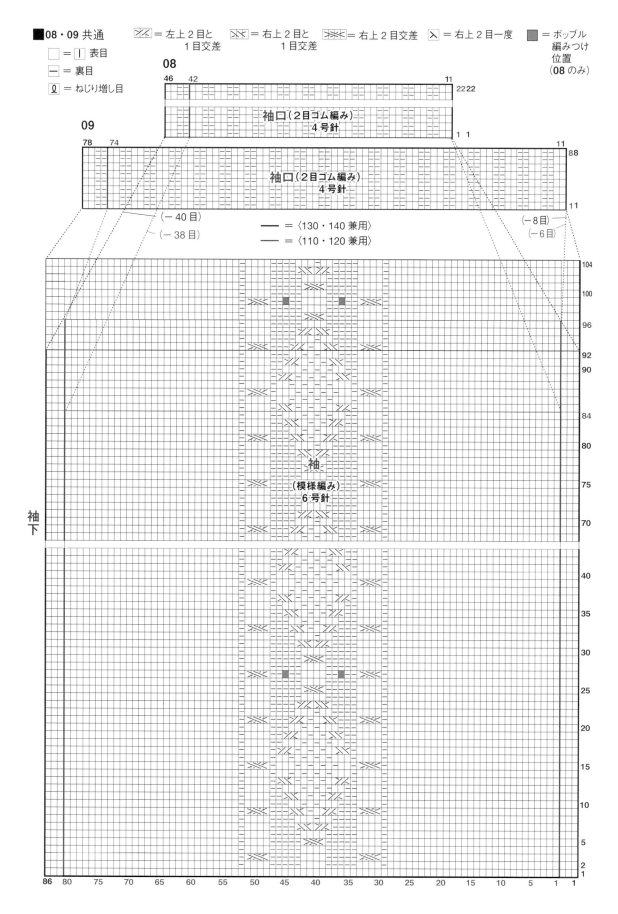

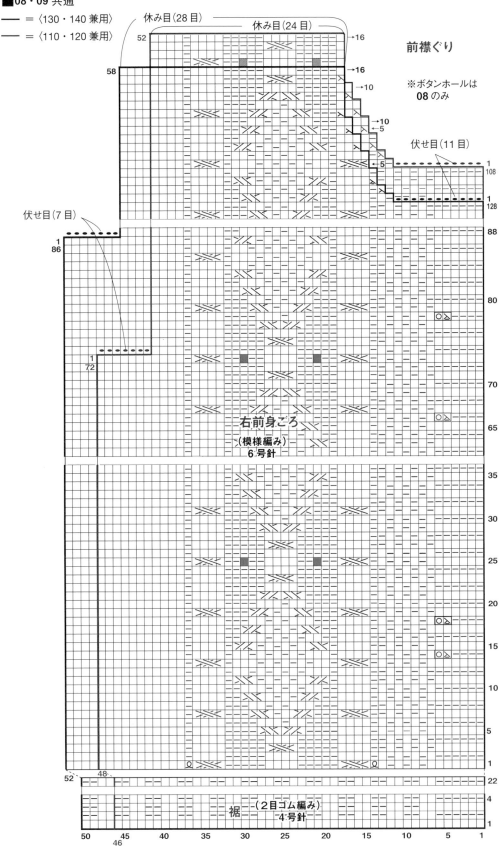

■08・09 共通

―― =〈130・140 兼用〉
―― =〈110・120 兼用〉

休み目（28目）
休み目（24目）

前襟ぐり

※ボタンホールは
08のみ

伏せ目（11目）

伏せ目（7目）

右前身ごろ
（模様編み）
6号針

裾 （2目ゴム編み）
4号針

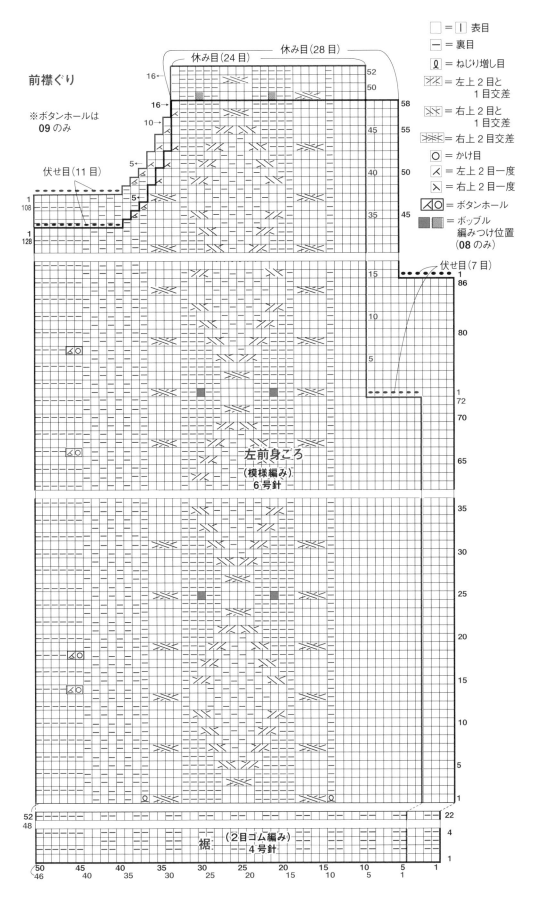

前襟ぐり

※ボタンホールは
09のみ

休み目(24目)
休み目(28目)

伏せ目(11目)

伏せ目(7目)

左前身ごろ
(模様編み)
6号針

裾 (2目ゴム編み)
4号針

□ =	表目
− =	裏目
ℓ =	ねじり増し目
	左上2目と1目交差
	右上2目と1目交差
	右上2目交差
O =	かけ目
=	左上2目一度
=	右上2目一度
=	ボタンホール
■ ■ =	ボッブル 編みつけ位置(08のみ)

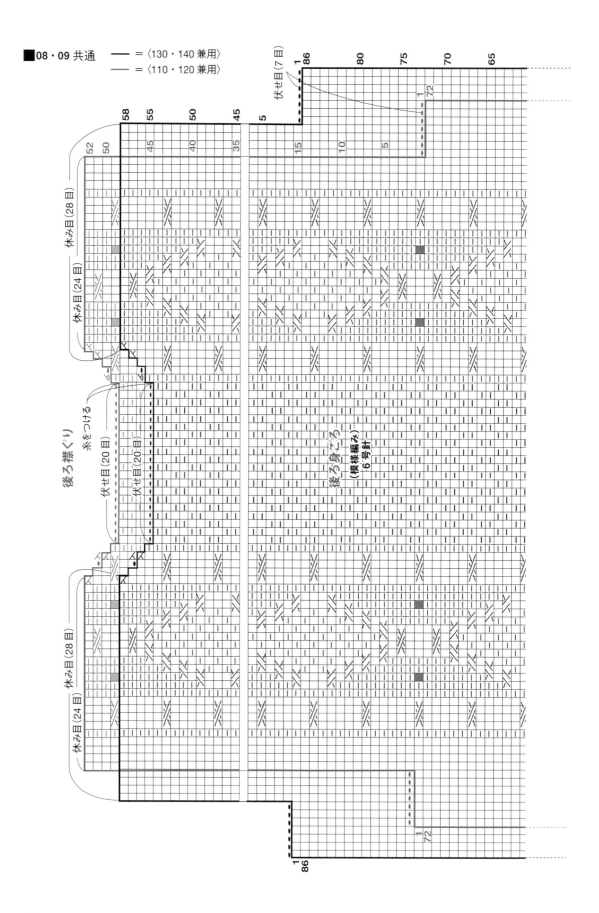

□ = | 表目

− = 裏目

ℓ = ねじり増し目

= 右上２目交差

= 右上２目と１目交差

= 左上２目と１目交差

= 左上２目一度

= 右上２目一度

■ = ボッブル

■ 編みつけ位置（08のみ）

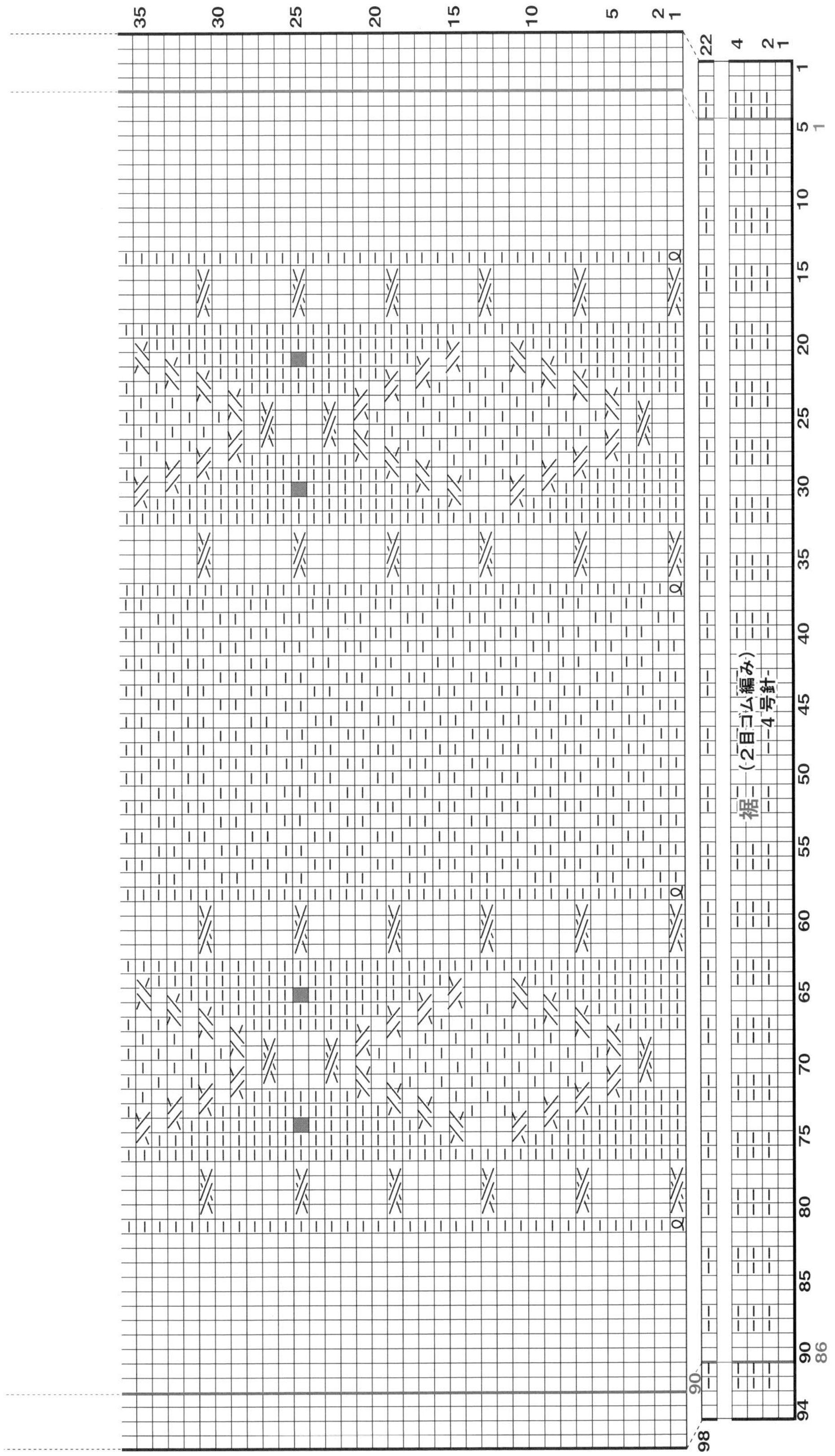

10·11 動物柄のセーター　Size 10/110　11/130 《P.16-17》

※**10·11**それぞれ110、130サイズが編めます。

〔材料と用具〕

10　ハマナカ アメリー／A チャイナブルー（col.29）
165g（**130**は210g）、B ナチュラルブラウン（col.23）
10g、C ナチュラルブラック（col.24）少々

11　ハマナカ アメリー／A コーラルピンク（col.27）
205g（**110**は170g）、B ナチュラルホワイト（col.20）
10g、C ナチュラルブラウン（col.23）少々

ハマナカ アミアミ手あみ針玉付2本針6号・7号、ハマナカ アミアミ短5本針6号

〔ゲージ（10cm角）〕
メリヤス編み19目×25段

〔でき上がりサイズ〕

10　胸囲76cm　背肩幅38cm　着丈40cm　袖丈29cm
11　胸囲80cm　背肩幅40cm　着丈44cm　袖丈33cm

〔編み方のポイント（10・11共通）〕　※糸は1本どり

1　前後身ごろは指でかける作り目で編み始め、1目ゴム編み、メリヤス編みで編む。前身ごろは途中糸を替えながら、柄を編み入れる。ステッチで柄を仕上げる。

2　肩は休み目にし、引き抜きはぎにする。

3　身ごろから目を拾って袖を編む。メリヤス編み、1目ゴム編みで編み、伏せ止めにする。

4　両脇、袖下をすくいとじでとじる。

5　襟ぐりは拾い目して1目ゴム編みをわに編み、伏せ止めにする。

10・11共通
―― ＝〈110〉
━━ ＝〈130〉

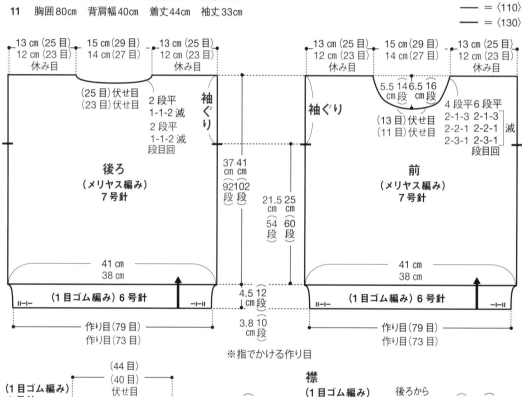

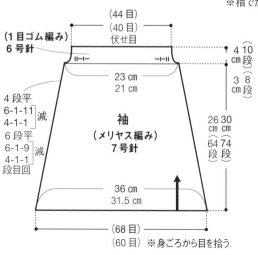

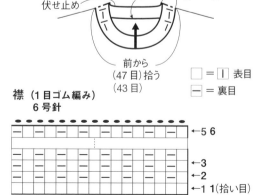

□ ＝ | 表目
― ＝ 裏目

68

くまの配置

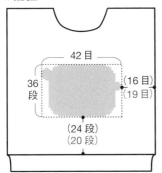

42 目

36 段

(16 目)
(19 目)

(24 段)
(20 段)

模様と刺しゅう図案　太枠内はすべて B 色で編む。後から指定色でステッチをする。

10・11 共通

□ ：A 色
▨ ：B 色

── ＝〈110〉
── ＝〈130〉

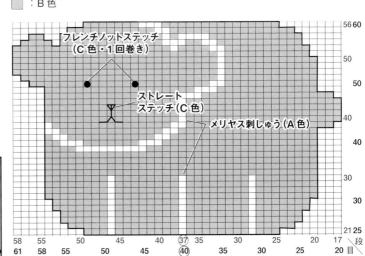

フレンチノットステッチ
（C 色・1 回巻き）

ストレート
ステッチ（C 色）

メリヤス刺しゅう（A 色）

うさぎの配置

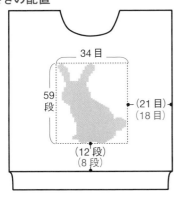

34 目

59 段

(21 目)
(18 目)

(12 段)
(8 段)

ステッチの方法

メリヤス刺繍

〈縦に進む〉

① 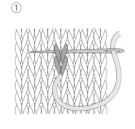　②

〈横に進む〉

①　②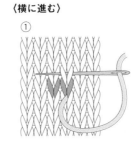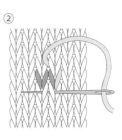

〈斜めに進む〉

①斜め上に進むとき　②斜め下に進むとき

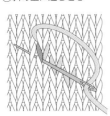

フレンチノット
ステッチ

2入　1

ストレート
ステッチ

1
3出
2
4入

フライステッチ

3
4入

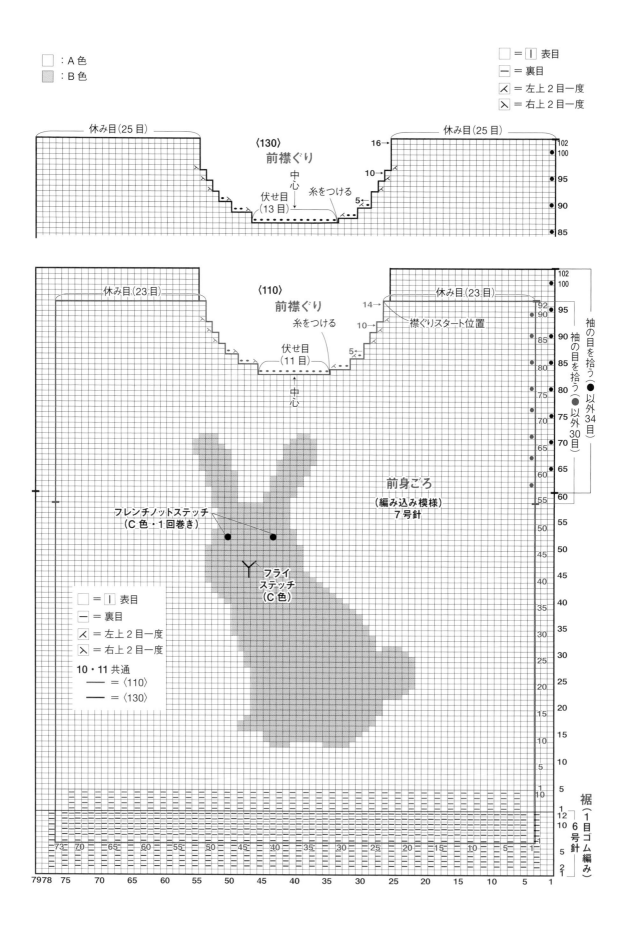

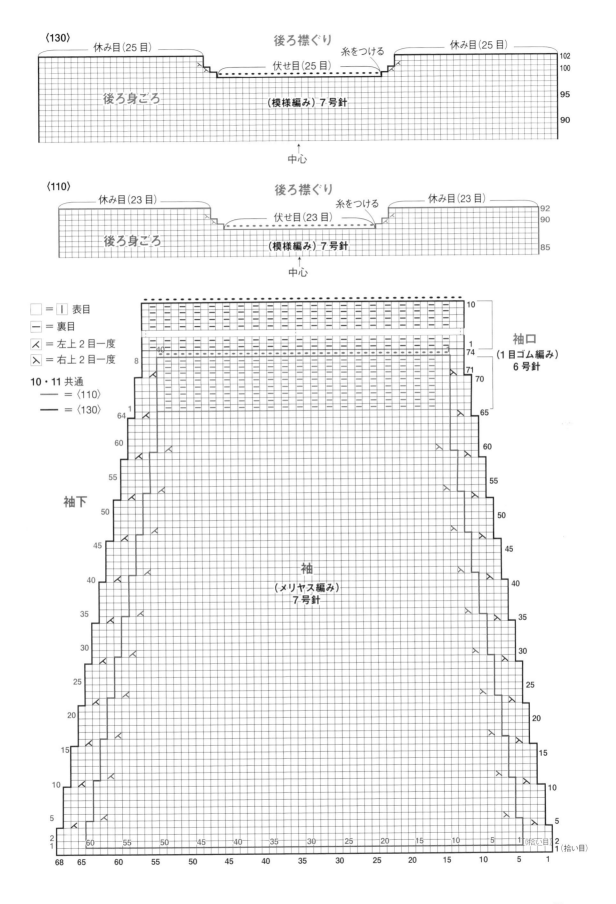

〈130〉

休み目（25目）　　　　　　　　　　　　後ろ襟ぐり　　　　　　　　　　　　休み目（25目）

糸をつける　　　102
100

伏せ目（25目）

後ろ身ごろ　　　　　　（模様編み）7号針　　　　　　95

90

中心

〈110〉

休み目（23目）　　　　　　　　　　　　後ろ襟ぐり　　　　　　　　　　　　休み目（23目）

糸をつける　　　92
90

伏せ目（23目）

後ろ身ごろ　　　　　　（模様編み）7号針　　　　　　85

中心

□ = Ⅰ 表目
─ = 裏目
ⵜ = 左上2目一度
ⵝ = 右上2目一度

10・11共通
── = 〈110〉
── = 〈130〉

袖口
（1目ゴム編み）
6号針

袖下

袖
（メリヤス編み）
7号針

71

12・13 トラッドなベスト　Size 12/130・140 兼用　13/110・120 兼用　《P.18-19》

〔材料と用具〕

12　ハマナカ　アメリー／グレー（col.22）150g
13　ハマナカ　アメリー／マスタードイエロー（col.3）120g
ハマナカ　アミアミ手あみ針玉付2本針6号、ハマナカ　アミアミ短5本針6号

〔ゲージ（10cm角）〕
模様編み20目×31段

〔でき上がりサイズ〕
12　身幅39cm　着丈41cm
13　身幅35cm　着丈36.5cm

〔編み方のポイント（12・13共通）〕　※糸は1本どり

1　前後身ごろは指でかける作り目で編み始め、1目ゴム編み、模様編みで編む。
2　肩はかぶせはぎにし、脇はすくいとじにする。
3　襟ぐりから拾い目し、1目ゴム編みで襟を編む。
4　袖ぐりから拾い目し、1目ゴム編みを編む。

■12〈130・140 兼用〉

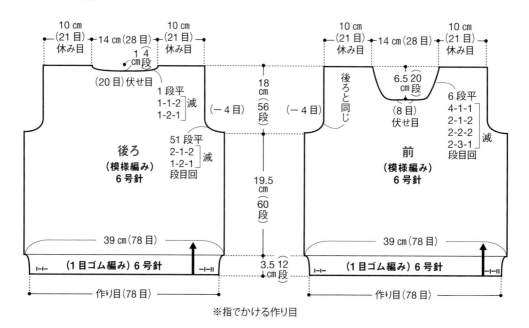

※指でかける作り目

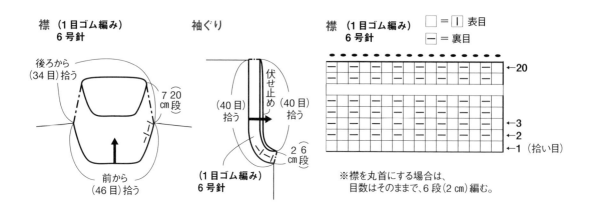

襟（1目ゴム編み）6号針

□＝ 表目
－＝ 裏目

※襟を丸首にする場合は、目数はそのままで、6段（2cm）編む。

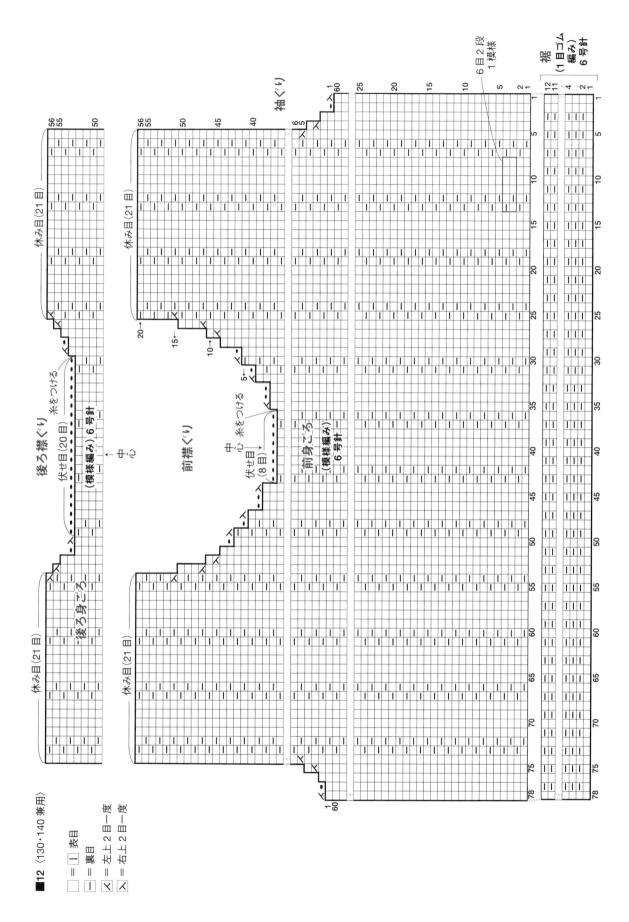

■図12〈130・140兼用〉

□ = 표目
□ = 裏目
| = 左上2目一度
人 = 右上2目一度

73

■13 〈110・120 兼用〉

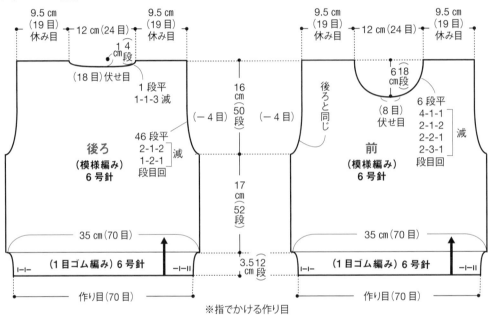

9.5 cm
(19目)
休み目

12 cm(24目)

9.5 cm
(19目)
休み目

1 4
cm 段

(18目)伏せ目

1 段平
1-1-3 減

(－4目)

16
cm
(50
段)

(－4目)

後ろ
(模様編み)
6号針

46 段平
2-1-2
1-2-1 減
段目回

35 cm(70目)

17
cm
(52
段)

(1目ゴム編み) 6号針

3.5 12
cm 段

l—l—

—l—ll

作り目(70目)

※指でかける作り目

9.5 cm
(19目)
休み目

12 cm(24目)

9.5 cm
(19目)
休み目

6 18
cm 段

後ろと同じ

(8目)
伏せ目

6 段平
4-1-1
2-1-2
2-2-1 減
2-3-1
段目回

前
(模様編み)
6号針

35 cm(70目)

(1目ゴム編み) 6号針

l—l—

—l—ll

作り目(70目)

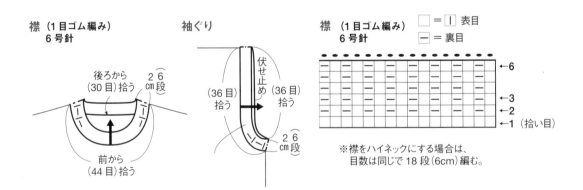

襟（1目ゴム編み）
6号針

後ろから
(30目)拾う

2 6
cm 段

前から
(44目)拾う

袖ぐり

伏せ止め

(36目)
拾う

(36目)
拾う

2 6
cm 段

襟（1目ゴム編み）
6号針

□ = | 表目
— = 裏目

←6

←3
←2
←1 (拾い目)

※襟をハイネックにする場合は、
　目数は同じで18段(6cm)編む。

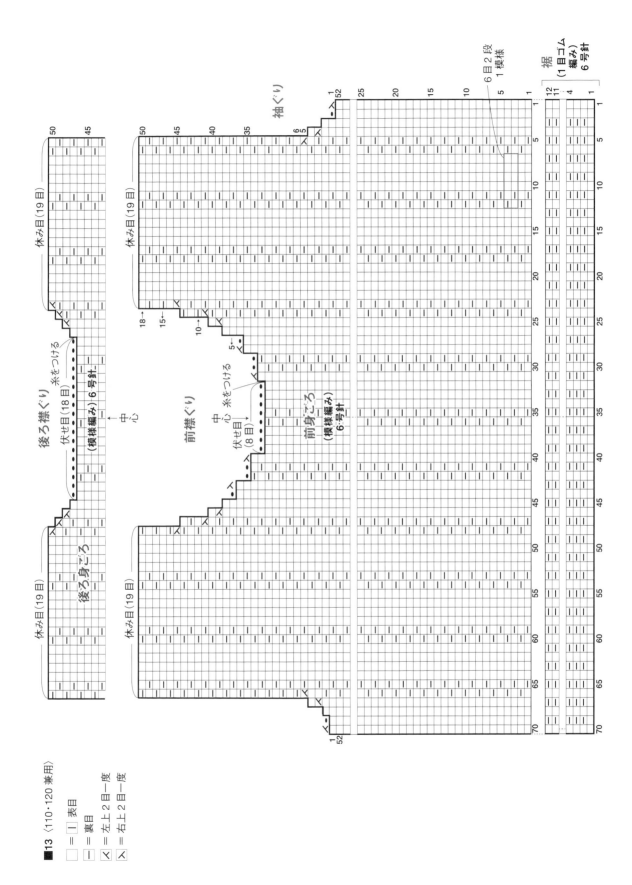

■13 〈110・120兼用〉

= | 表目

= 裏目

= 左上2目一度

= 右上2目一度

後ろ襟ぐり

前襟ぐり

袖ぐり

後ろ身ごろ

前身ごろ（模様編み）6号針

休み目（19目）

休み目（18目）

休み目（19目）

伏せ目（18目）

伏せ目（8目）

糸をつける

中心

6目2段模様

1模様

裾
（1目ゴム編み）
6号針

75

14·15 サイドオープンのベスト

Size 14/110・120 兼用　15/130・140 兼用 《P.20-21》

〔材料と用具〕

14 ハマナカ ソノモノ アルパカウール／生成り（col.41）
260g
ハマナカ アミアミ手あみ針玉付2本針10号、ハマナカ アミアミ短5本針9号、ハマナカ アミアミ両かぎ針ラクラク8/0号

15 ハマナカ ソノモノ アルパカウール／ブラウン（col.43）
300g、ボタン（18mm）4個
ハマナカ アミアミ手あみ針玉付2本針10号、ハマナカ アミアミ短5本針9号

〔ゲージ（10cm角）〕

メリヤス編み17目×22段

〔でき上がりサイズ〕

14 身幅38cm 着丈43cm

15 身幅44cm 着丈49cm

〔編み方のポイント（14・15共通）〕 ※糸は1本どり

1 前後身ごろは指でかける作り目で編み始め、2目ゴム編み、模様編みで編む。

2 肩はかぶせはぎにする。

3 襟ぐりから拾い目し、1目ゴム編みで襟を編む。

4 **14**はリボン、**15**はベルトを編み、指定の位置にとじつける。**15**は前身ごろにボタンをつける。

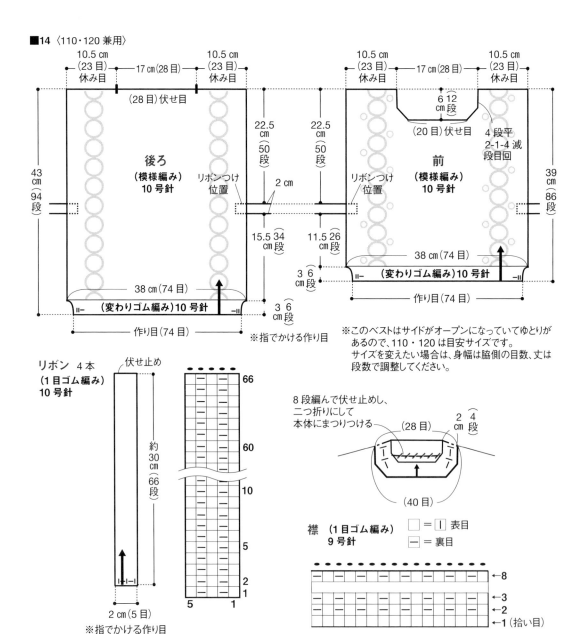

■14 〈110・120 兼用〉

※このベストはサイドがオープンになっていてゆとりがあるので、110・120は目安サイズです。
サイズを変えたい場合は、身幅は脇側の目数、丈は段数で調整してください。

リボン 4本
（1目ゴム編み）10号針

8段編んで伏せ止めし、二つ折りにして本体にまつりつける

襟（1目ゴム編み）9号針

□=Ⅰ 表目
－=裏目

■14 〈110・120兼用〉

　□ = |　表目

　− = 裏目

　▽※※ = 右上2目交差

　▽※※ = 左上2目交差

　✓ = 左上2目一度

　✗ = 右上2目一度

　▨ = ボッブルパーツつけ位置

かぎ針8/0号（20個）
糸端をつけ位置に通して裏で結ぶ

※玉編みの編み方はP.82参照

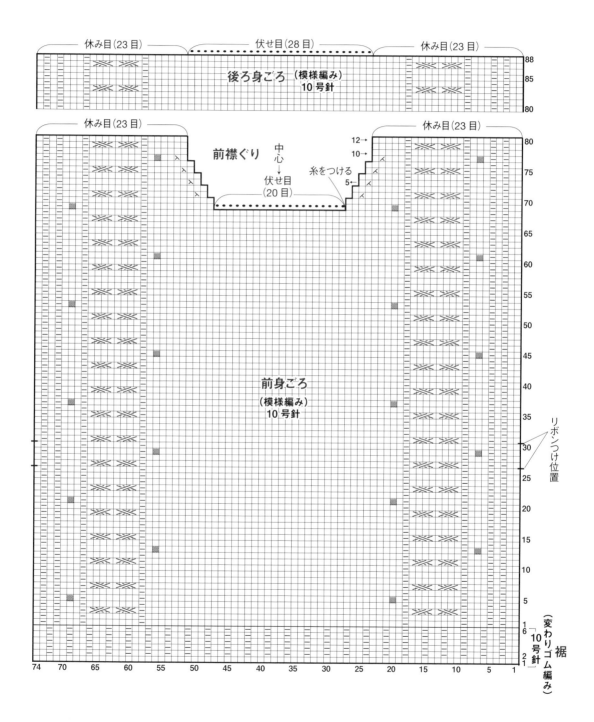

後ろ身ごろ（模様編み）10号針

前襟ぐり　中心　伏せ目（20目）

糸をつける

前身ごろ（模様編み）10号針

休み目(23目)　伏せ目(28目)　休み目(23目)

休み目(23目)　休み目(23目)

12→
10→
5→

リボンつけ位置

裾（変わりゴム編み）10号針

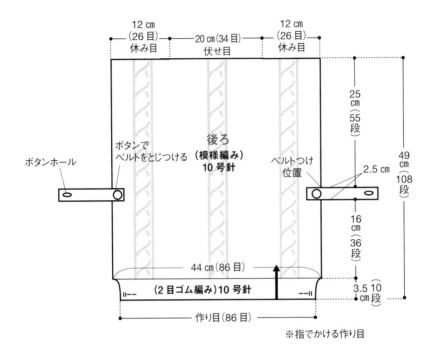

12 cm
(26目)
休み目

20 cm（34目）
伏せ目

12 cm
(26目)
休み目

ボタンでベルトをとじつける

後ろ
（模様編み）
10号針

ボタンホール

ベルトつけ位置

25 cm（55段）

49 cm（108段）

2.5 cm

16 cm（36段）

44 cm（86目）

（2目ゴム編み）10号針

3.5 cm 10段

作り目（86目）

※指でかける作り目

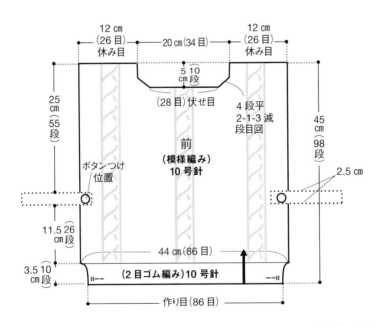

12 cm
(26目)
休み目

20 cm（34目）

12 cm
(26目)
休み目

5 cm 10段

（28目）伏せ目

4段平
2-1-3減
段目回

前
（模様編み）
10号針

25 cm（55段）

45 cm（98段）

ボタンつけ位置

2.5 cm

11.5 cm 26段

3.5 cm 10段

44 cm（86目）

（2目ゴム編み）10号針

作り目（86目）

※このベストはサイドがオープンになっていてゆとりがあるので、130・140は目安サイズです。
サイズを変えたい場合は、身幅は脇側の目数、丈は段数で調整してください。

78

■15〈130・140 兼用〉

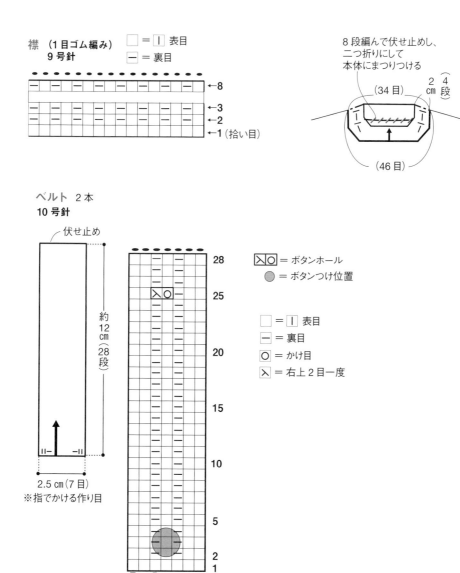

襟 （1目ゴム編み）
9号針

□ = Ｉ 表目
─ = 裏目

←8
←3
←2
←1（拾い目）

8段編んで伏せ止めし、
二つ折りにして
本体にまつりつける

（34目）
2cm（4段）
（46目）

ベルト 2本
10号針

伏せ止め

約12cm（28段）

2.5cm（7目）
※指でかける作り目

28
25
20
15
10
5
2
1

7　5　　1

☒◯ = ボタンホール
● = ボタンつけ位置

□ = Ｉ 表目
─ = 裏目
◯ = かけ目
☒ = 右上2目一度

■15 〈130・140 兼用〉

□ = |I| 表目　　●= ボタンつけ位置

□ = 裏目

⎘ = 左上2目一度

⎗ = 右上2目一度

⟩⟩⟩⟨⟨⟨ = 左上3目交差

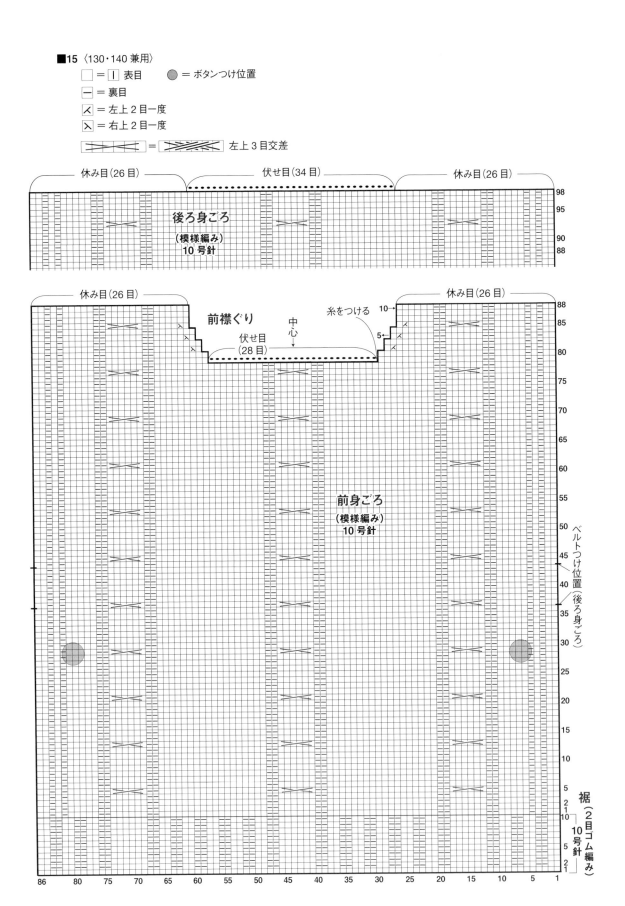

80

かぶるだけニット　Size 110・120 兼用　《P.22-23》

〔材料と用具〕

ハマナカ ソノモノ アルパカウール《並太》／ 生成り
（col.61）80g

ハマナカ アミアミ手あみ針玉付2本針7号、ハマナカ
アミアミ短5本針6号、ハマナカ アミアミ両かぎ針ラク
ラク5/0号

〔ゲージ〕

模様編み12cm×10.5cm＝31目×28段

〔でき上がりサイズ〕

身幅33cm　着丈16cm

〔編み方のポイント〕　※糸は1本どり

1　指でかける作り目で編み始め、ガーター編み、模様編みで身ごろを2枚編む。

2　2枚をつき合わせ、目と段をはぐ。

3　襟ぐりから拾い目して2目ゴム編みで襟を編む。

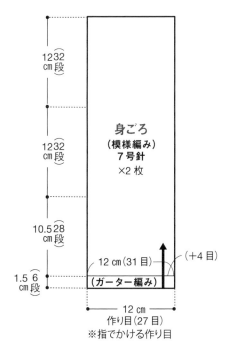

目と段をはぐ
※目と段のはぎは P.49 参照

襟の拾い方

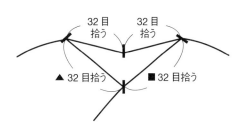

襟
（2目ゴム編み）
6号針

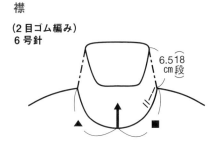

襟　（2目ゴム編み）
6号針

□＝｜ 表目
─＝ 裏目

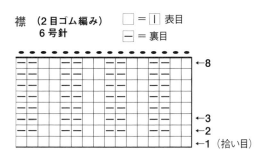

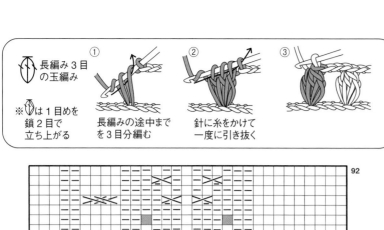

長編み3目
の玉編み

※ ◇ は1目めを
鎖2目で
立ち上がる

① 長編みの途中まで
を3目分編む

② 針に糸をかけて
一度に引き抜く

③

■ = 玉編み

□ = | 表目

− = 裏目

⊀ = 左上2目一度

⅄ = 右上2目一度

Q = ねじり増し目

⤬ = 右上1目交差（下裏目）

⤬ = 左上1目交差（下裏目）

⤬⤬ = 右上2目交差

⤬⤬
=
⤬⤬⤬ = 右上4目交差

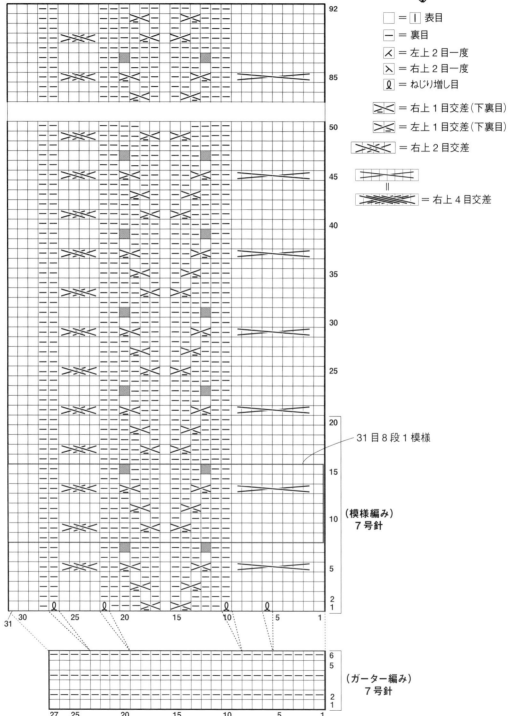

31目8段1模様

（模様編み）
7号針

（ガーター編み）
7号針

17 かぶるだけニット　Size 130・140 兼用　《P.22-23》

〔材料と用具〕
ハマナカ わんぱくデニス／ライトグレー（col.34）
100g
ハマナカ アミアミ手あみ針玉付2本針6号、ハマナカ
アミアミ短5本針6号、ハマナカ アミアミ両かぎ針ラ
クラク5/0号
〔ゲージ（10cm角）〕
模様編み26目×28段

〔でき上がりサイズ〕
身幅35cm　着丈22cm
〔編み方のポイント〕　※糸は1本どり
1　前後身ごろとも、指でかける作り目で編み始め、模様編みで編む。
2　肩はかぶせはぎにする。
3　襟ぐりから拾い目して1目ゴム編みで襟を編み、伏せ止めにする。
4　身ごろの脇、裾にかぎ針で縁編みを編む。

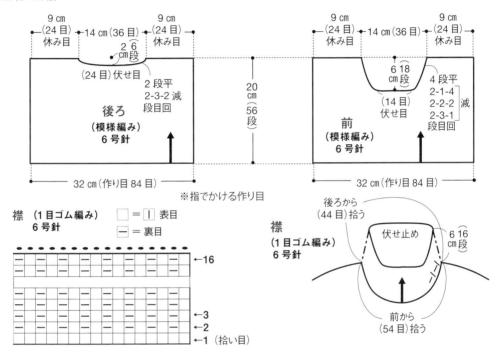

※指でかける作り目

襟　（1目ゴム編み）
6号針

□ = Ｉ 表目
― = 裏目

←16

←3
←2
←1（拾い目）

襟
（1目ゴム編み）
6号針

後ろから
（44目）拾う

伏せ止め

6 16
cm段

前から
（54目）拾う

縁編み　かぎ針5/0号　右肩のはぎ部分から編み始め、1周ぐるっと編む

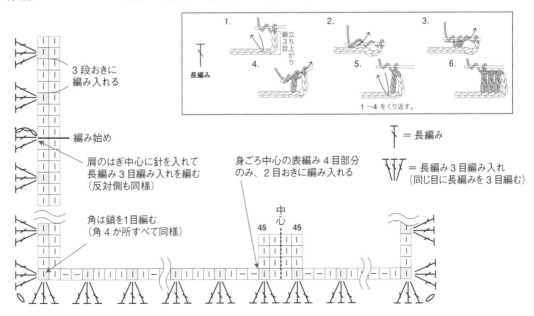

3段おきに
編み入れる

編み始め

肩のはぎ中心に針を入れて
長編み3目編み入れを編む
（反対側も同様）

身ごろ中心の表編み4目部分
のみ、2目おきに編み入れる

角は鎖を1目編む
（角4か所すべて同様）

中心
45　45

T = 長編み

⊤⊤⊤ = 長編み3目編み入れ
（同じ目に長編みを3目編む）

1.　鎖立ち上がり
3目
2.　3.
4.　5.　6.
1〜4をくり返す。

長編み

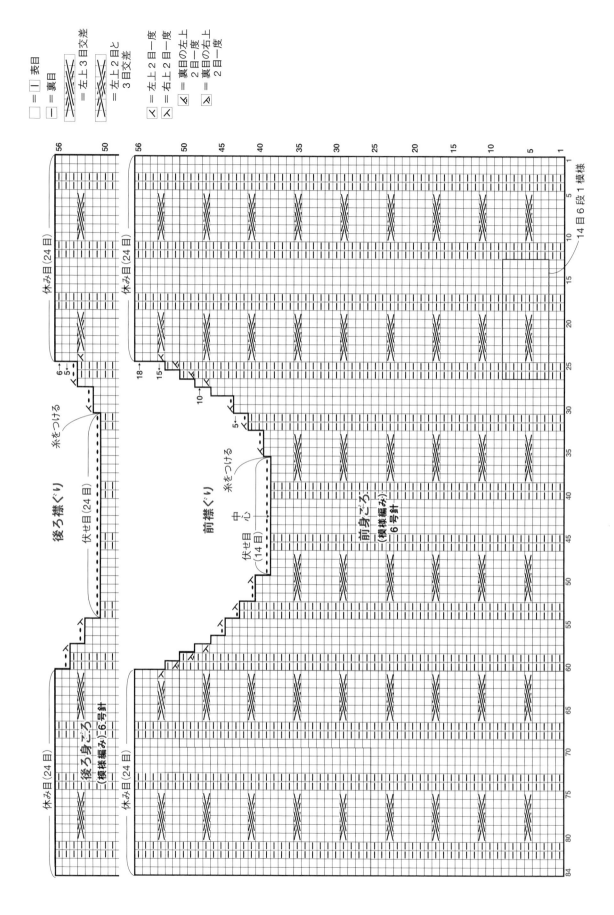

I8 ミックスカラーの帽子&ミトン 《P.24》

■帽子

〔材料と用具〕

ハマナカ アメリー／ A グラスグリーン (col.13) 40g、
B グレー (col.22) 25g

ハマナカ アミアミくつした針6号・8号

〔ゲージ（10cm角）〕

変わりゴム編み25目×36段　メリヤス編み15目×27段

〔でき上がりサイズ〕

頭まわり45cm×深さ23.5cm

〔編み方のポイント〕

1　かぶり口はA色1本どりで指でかける作り目をし、変わりゴム編みをわに編む。

2　本体はA色とB色の2本どりでメリヤス編みをわに編む。均等に目を減らしながらトップまで編み、残った目に糸を通して絞る。

■ミトン

〔材料と用具〕

ハマナカ アメリー／ A グラスグリーン (col.13) 30g、
B グレー (col.22) 20g

ハマナカ アミアミくつした針6号・8号

〔ゲージ（10cm角）〕

変わりゴム編み25目×36段　メリヤス編み15目×27段

〔でき上がりサイズ〕

甲まわり18×長さ17.5cm

〔編み方のポイント〕

1　手首まわりはA色1本どりで指でかける作り目をし、変わりゴム編みをわに編む。

2　甲まわりはA色とB色の2本どりでメリヤス編みをわに編む。親指部分は増し目をしながら編み、途中で目を休める。

3　トップまで編み、メリヤスはぎではぐ。

4　休めていた目を拾って親指をわに編み、残った目に糸を通して絞る。

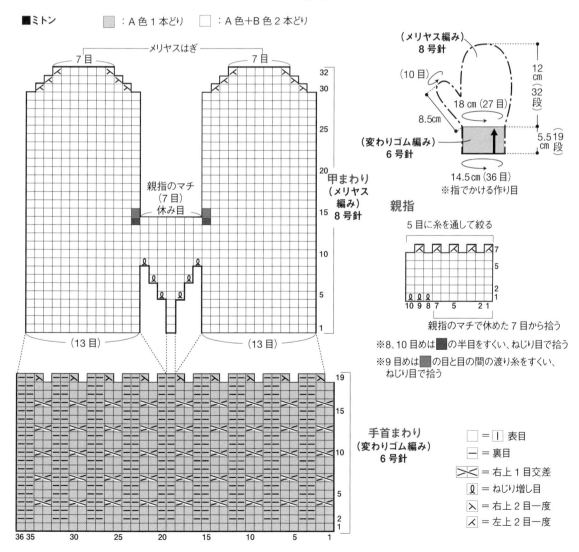

■ミトン　▨：A色1本どり　□：A色+B色2本どり

※8、10目めは■の半目をすくい、ねじり目で拾う

※9目めは■の目と目の間の渡り糸をすくい、ねじり目で拾う

□ = | 表目

⊟ = - 裏目

⧓ = 右上1目交差

ℓ = ねじり増し目

⋋ = 右上2目一度

⋌ = 左上2目一度

■帽子

□ = | 表目
− = 裏目
⋋ = 右上2目一度
⋌ = 左上2目一度
⧓ = 右上1目交差

（メリヤス編み）8号針

18cm（49段）

46.5cm（70目）

（変わりゴム編み）6号針

5.5cm（20段）

45cm（112目）

※指でかける作り目

▨ ：A色1本どり
□ ：A色＋B色 2本どり

28目に糸を通して絞る

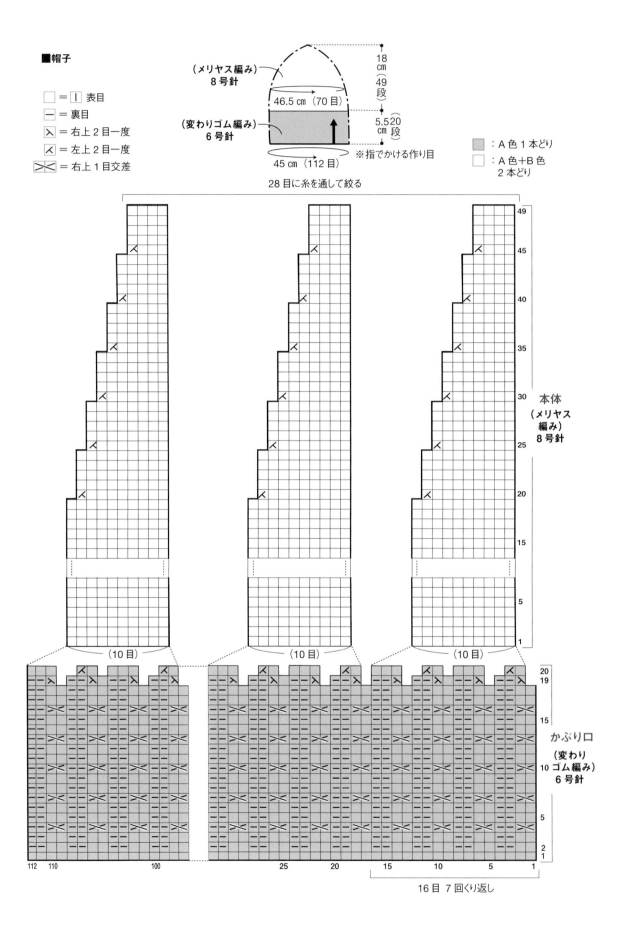

本体（メリヤス編み）8号針

（10目）　（10目）　（10目）

かぶり口（変わりゴム編み）6号針

112　110　　　　100　　　　25　　20　　　15　　10　　　5　　1

16目 7回くり返し

19 ポンポンつきミトン 《P.24》

〔材料と用具〕

ハマナカ アメリー ／A コーラルピンク（col.27）40g、
B オートミール（col.40）25g　ヘアゴム（18㎝をわにしたもの）2本
ハマナカ アミアミくつした針6号・8号、ハマナカ アミアミ両かぎ
針ラクラク5/0号

〔ゲージ（10㎝角）〕

変わりゴム編み25目×36段　メリヤス編み15目×27段

〔でき上がりサイズ〕

甲まわり18×長さ18.5㎝

〔編み方のポイント〕

1　手首まわりは A色1本どりで指でかける作り目をし、変わりゴム
　編みをわに編む。

2　甲まわりは A色と B色の2本どりでメリヤス編みをわに編む。親
　指部分は増し目をしながら編み、途中で目を休める。

3　トップまで編んだらメリヤスはぎではぐ。

4　休めていた目を拾って親指をわに編み、残った目に糸を通して絞る。

5　ヘアゴムを A色1本どりのこま編みで編みくるむ。ポンポンを作っ
　て、編みくるんだゴムに結ぶ。

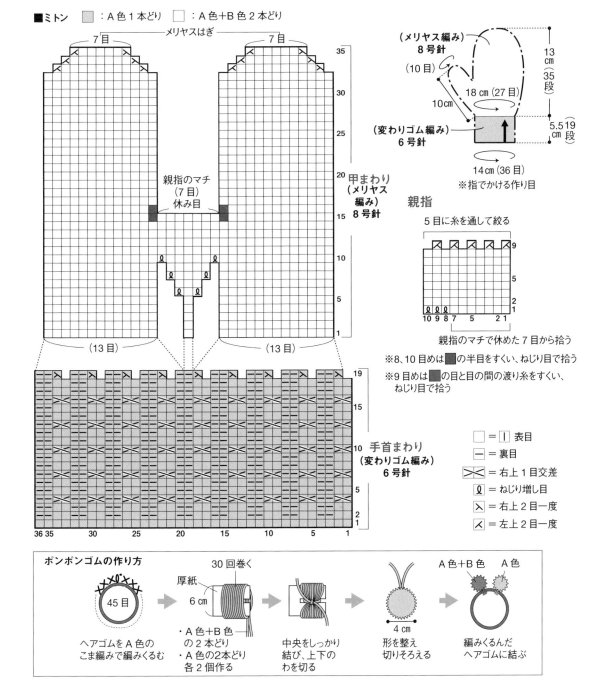

⑳ ふわもこの帽子&ミトン 《P.25》

■帽子

〔材料と用具〕

ハマナカ アメリー／A ネイビーブルー（col.17）10g

ハマナカ ソノモノ ループ／B ベージュ（col.52）40g

ハマナカ アミアミくつした針6号・15号

〔ゲージ（10cm角）〕

2目ゴム編み30目×30段

メリヤス編み13目×19段

〔でき上がりサイズ〕

頭まわり46cm×深さ26cm

〔編み方のポイント〕 ※糸は1本どり

1 かぶり口は糸Aで指でかける作り目をし、2目ゴム編みをわに編む。

2 本体は糸Bに替えてメリヤス編みをわに編む。均等に目を減らしながらトップまで編み、残った目に糸を通して絞る。

■ミトン

〔材料と用具〕

ハマナカ アメリー／A ネイビーブルー（col.17）10g

ハマナカ アメリー／A´ プラムレッド（col.32）10g

ハマナカ ソノモノ ループ／B ベージュ（col.52）40g

ハマナカ アミアミくつした針6号・15号

〔ゲージ（10cm角）〕

2目ゴム編み30目×30段

メリヤス編み13目×19段

〔でき上がりサイズ〕

甲まわり18×長さ22cm

〔編み方のポイント〕 ※糸は1本どり

1 手首まわりは糸AまたはA´で指でかける作り目をし、2目ゴム編みをわに編む。

2 甲まわりは糸Bに替えてメリヤス編みをわに編む。親指部分は増し目をしながら編み、途中で目を休める。

3 トップまで編み、残った目に糸を通して絞る。

4 休めていた目を拾って親指をわに編み、残った目に糸を通して絞る。

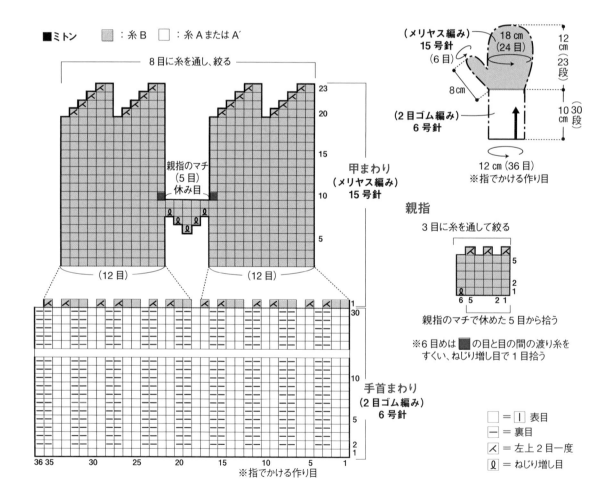

■ミトン 　▨：糸B 　□：糸AまたはA´

8目に糸を通し、絞る

親指のマチ（5目）休み目

甲まわり（メリヤス編み）15号針

（12目） （12目）

手首まわり（2目ゴム編み）6号針

36 35　30　25　20　15　10　5　1

※指でかける作り目

（メリヤス編み）15号針（6目）

18cm（24目）

12cm（23段）

8cm

（2目ゴム編み）6号針

10cm（30段）

12cm（36目）

※指でかける作り目

親指

3目に糸を通して絞る

6 5　2 1

親指のマチで休めた5目から拾う

※6目めは▨の目と目の間の渡り糸をすくい、ねじり増し目で1目拾う

□ = ｜ 表目

─ = 裏目

╱ = 左上2目一度

ℓ = ねじり増し目

■帽子

□ = I 表目
− = 裏目
⋏ = 左上2目一度

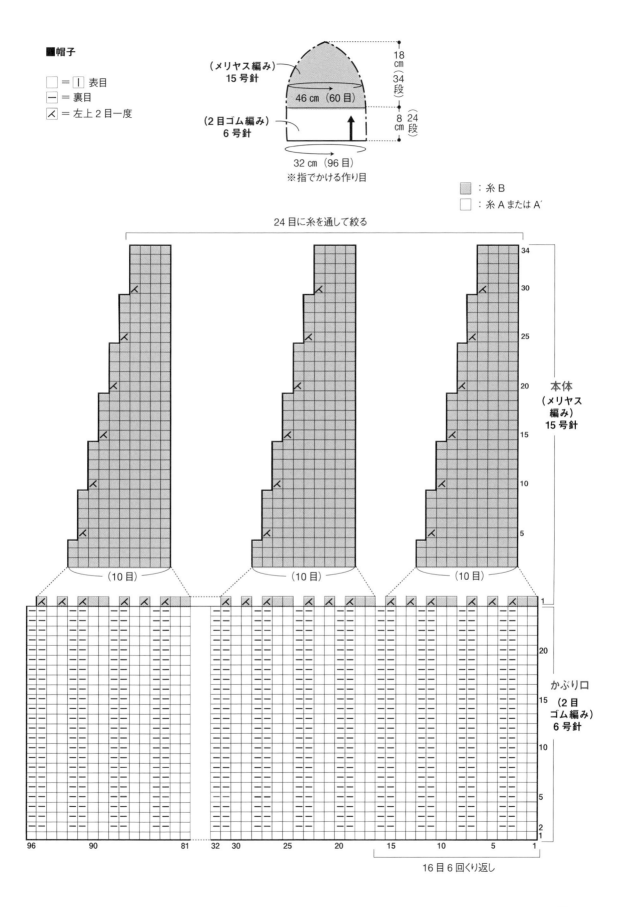

（メリヤス編み）
15号針

46 cm（60目）

18 cm / 34段

（2目ゴム編み）
6号針

8 cm / 24段

32 cm（96目）

※指でかける作り目

□ : 糸B
□ : 糸A または A´

24目に糸を通して絞る

34
30
25
20
15
10
5

（10目）　（10目）　（10目）

本体
（メリヤス編み）
15号針

かぶり口
（2目ゴム編み）
6号針

20
15
10
5
2
1

96　90　81　　32　30　25　20　15　10　5　1

16目6回くり返し

89

棒針編みの基礎

●作り目
指でかける作り目

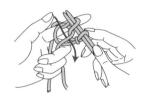
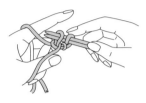

1. 糸端は編み幅の約3.5倍の長さを残し、1目めのループを指で作って針に移す。糸を引いて目を引き締める。

2. 糸端側を親指、糸玉側の糸を人差し指にかける。矢印のように針を入れて、かかった糸を親指のループから引き出す。

3. 親指にかかっている糸をいったんはずし、矢印のように親指を入れる。

4. 親指で糸を引いて、引き締める。

5. 2～4をくり返して必要な目数を作る。

●編み目記号と編み方

表目

1. 糸を編み地の向こう側に置く。右針を手前から左針の目に入れ、矢印のように糸をかける。

2. 矢印のように手前に引き出しながら、左針から目をはずす。

3. 表目1目が編めたところ。

裏目

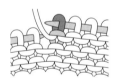

1. 糸を編み地の手前に置く。右針を左針の向こう側に入れ、矢印のように糸をかける。

2. 矢印のように手前に引き出しながら、左針から目をはずす。

3. 裏目1目が編めたところ。

かけ目

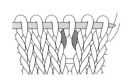

1. 右針に手前から糸をかける。

2. 次の目を編む。

3. 次の段を編むと穴ができる。

右上2目一度〈表〉

1. 左針の目を編まずに手前から右針に移す。

2. 左針の目に右針を入れ、表目で編む。

3. 右針に移した目に左針を入れ、**2**で編んだ目にかぶせる。

4. 右側の目が上になって、1目減った状態。

左上2目一度〈表〉

1. 左針の2目の左側から一度に右針を入れる。

2. 右針に糸をかけ、2目一緒に表目で編む。

3. 左側の目が上になって、1目減った状態。

右上2目一度〈裏〉

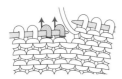

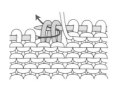

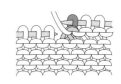

1. 左針の2目に矢印のように1目ずつ右針を入れ、右針に移す。

2. 移した2目に矢印のように一度に左針を入れて移す。

3. 2目に右針を入れ、針に糸をかけて2目一緒に裏目で編む。

4. 右側の目が上になって、1目減った状態。

左上2目一度〈裏〉

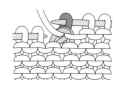

1. 左針の2目に右から一度に右針を入れる。

2. 右針に糸をかけ、2目一緒に裏目で編む。

3. 左側の目が上になって、1目減った状態。

中上3目一度

1. 左針の2目の左側から一度に右針を入れて移す。

2. 左針の次の目に右針を入れて糸をかけ、表目で編む。

3. **1**で右針に移した2目に左針を入れ、**2**で編んだ目にかぶせる。

4. まん中の1目が中央になって、2目減った状態。

編み出し増し目（表目3目）

1. 左針の目に右針を入れ、矢印のように糸を引き出す。

2. 表目1目を編んだところ。左針の目はそのままかけておく。

3. かけ目をし、同じ目に右針を入れて表目で編む。

4. 表目3目の編み出し増し目が編めたところ。

ねじり増し目

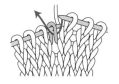

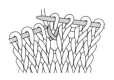

1. 次の目との間の渡り糸を左針で引き上げる。

2. 引き上げた糸に右針を入れる。

3. 右針で糸をかけて表目で編む。

4. ねじり増し目で1目増えたところ。

巻き増し目（端でする場合）

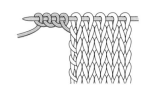

1. 左手の編み糸を右針で矢印のように巻きつける。これで1目になる。

2. 必要目数くり返す（増し目が1目の場合は、右側も同様に巻きつける）。

右上1目交差

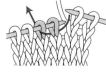
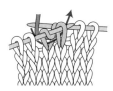

1. 左針の1目めをとばし、2目めに向こう側から右針を入れる。

2. 1目編む。

3. 左針のとばした1目を編む。

4. 糸を引き出して、左針から2目はずす。

左上1目交差

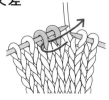

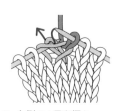

1. 左針の1目めをとばし、2目めに矢印のように右針を入れる。

2. 1目編む。

3. 右側の1目を編む。

4. 糸を引き出して、左針から2目はずす。

右上2目交差

※右上3目交差もなわ編み針に移す目を3目に変えて同様に編む。

1. 左針の2目をなわ編み針に移し、手前側に休める。左針の2目を表目で編む。

2. なわ編み針の2目を表目で編む（左針に移してから編んでもよい）。

3. 右が上になった2目交差が編めたところ。

左上2目交差

※左上3目交差もなわ編み針に移す目を3目に変えて同様に編む。

1. 左針の2目をなわ編み針に移し、向こう側に休める。左針の2目を表目で編む。

2. なわ編み針の2目を表目で編む（左針に移してから編んでもよい）。

3. 左が上になった2目交差が編めたところ。

●目の止め方
伏せ止め〈表〉

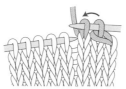

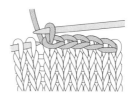

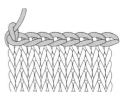

1. 左針の2目を表目で編み、1目めに左針を入れて2目めにかぶせる。

2. 次の目を表目で編み、右針の右の目に左針を入れて左の目にかぶせる。

3. 2をくり返して目を伏せる。

4. 伏せ止めで目を止めた状態。

伏せ止め〈裏〉

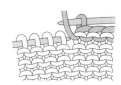

1. 左針の2目を裏目で編み、1目めに左針を入れて2目めにかぶせる。

2. 次の目を裏目で編む。

3. 右針の右の目に左針を入れて左の目にかぶせる。

4. 2、3をくり返して、目を伏せる。

1目ゴム編み止め〈平編みの場合〉

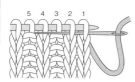

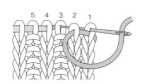

1. 1の目の手前からとじ針を入れ、2の目の手前に出す。

2. 1の目の手前からとじ針を入れ、3の目の向こう側に出す。

3. 2の目の手前からとじ針を入れ、4の目の手前に出す。

4. 3の目の向こう側から針を入れ、5の目の向こう側に出す。

〈わの場合〉

1. 1の目に向こう側からとじ針を入れ、2の目の向こう側に出す。以降は〈平編みの場合〉の3、4と同様に、表目同士、裏目同士に針を入れてとじる。

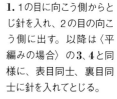

2. 最後は②の目の手前からとじ針を入れ、1の目の向こう側から手前に出す。

3. ①の目の向こう側から針を入れ、2の目の向こう側に出して1周する。

●とじとはぎ

すくいとじ〈メリヤス編み〉

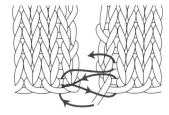
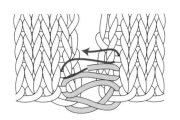
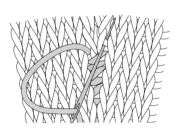

1. 左右の編み地の作り目の糸をとじ針ですくう。

2. 端から1目めと2目めの間にある横糸（渡り糸）を**1**の矢印のように交互にすくって糸を引く。

3. **2**をくり返して2枚の編み地をとじる。とじ糸は編み地が引きつれないようにバランスよく引く。

すくいとじ〈増し目部分〉

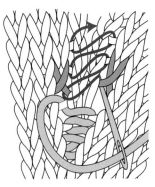

ねじり増し目の部分は下側の糸をすくってとじ、次は1目内側の渡り糸をすくってとじる。

すくいとじ〈減らし目部分〉

1. 減らし目の部分は、渡り糸と減らし目をいっしょにすくう。反対側も同様にすくう。

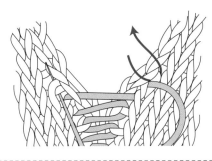

2. 減らし目と次の渡り糸をいっしょにすくう。反対側も同様にすくう。

引き抜きとじ〈段をとじる〉

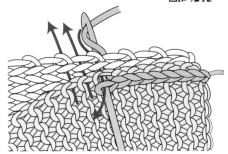

編み地を中表に合わせ、かぎ針で引き抜きながらとじる。

引き抜きとじ〈曲線をとじる〉

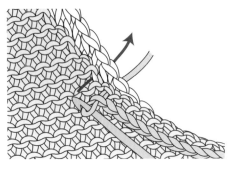

編み地を中表に合わせて（まち針でとめるとよい）、かぎ針で引き抜きながらとじる。

かぶせはぎ〈棒針を使う場合〉

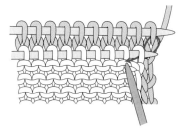 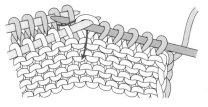 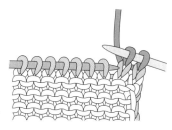

1. 2枚の編み地を中表に合わせ、別の棒針（玉なしを使う）で向こう側の編み目を手前側の目の中に引き出す。

2. 同様にして、向こう側の編み目をすべて、手前側の目の中から引き出す。

3. 右端の糸で端の2目を表目で編む。

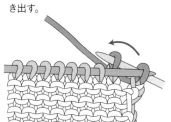 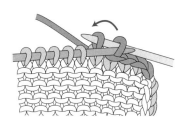

4. 右針の右の目に左針を入れ、左の目にかぶせる。

5. 次の目を編み、右の目をかぶせる。これをくり返して目を伏せる。

メリヤスはぎ〈両方とも目で残しているとき〉

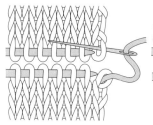 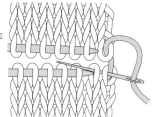 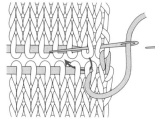 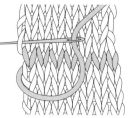

1. 手前の1目めに向こう側からとじ針を入れ、向こう側の1目めに針を入れる。

2. 手前の2目に針を入れて糸を引く。

3. 向こう側の2目に針を入れ、次に手前の2目に矢印のように針を入れて糸を引く。

4. 1、2、3をくり返し、最後は向こう側の目に手前から針を入れる。編み地の左右は半目ずつずれる。

メリヤスはぎ〈片方が伏せ目の場合〉

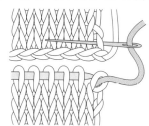 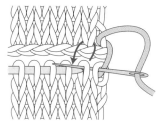 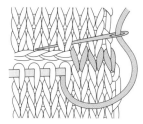

1. 編み針の1目めに向こう側からとじ針を入れ、伏せ止め側の端の半目をすくう。

2. 手前側の2目にとじ針を図のように入れ、伏せ止め側の2目に矢印のように針を入れて糸を引く。

3. 手前の目が残っている側は表から入れて表に出し、伏せ止め側は逆ハの字にすくってとじていく。

〈作品デザイン・制作〉

青木恵理子

池上 舞

今井昌子

奥住玲子

髙際有希

釣谷京子

野口智子

〈Model〉

ナカムラ サラ

ピュ マイカ

フジモト フウゴ

〈Staff〉

編集	坂本典子（シェルト＊ゴ）
ブックデザイン	塚田佳奈（ME&MIRACO）
撮影	滝沢育絵
	天野憲仁（日本文芸社）
スタイリング	前田かおり
ヘアメイク	KOMAKI
作り方解説・トレース	レシピア　小池百合穂（P.90〜95）
プロセス解説	奥住玲子
校正	神 かつ子

〈素材提供〉

ハマナカ株式会社
京都府京都市右京区花園薮ノ下町2番地の3
TEL 075-463-5151（代表）
http://hamanaka.co.jp

〈撮影協力〉

AWABEES

男の子にも女の子にも編みたい

手編みの子どもニット

2023年8月20日　第1刷発行

編 者	日本文芸社
発行者	吉田芳史
印刷所	株式会社 光邦
製本所	株式会社 光邦
発行所	株式会社 日本文芸社
	〒100-0003
	東京都千代田区一ツ橋1-1-1 パレスサイドビル8F
	TEL 03-5224-6460（代表）

内容に関するお問い合わせは、
小社ウェブサイトお問い合わせフォームまでお願いいたします。
URL https://www.nihonbungeisha.co.jp/

Printed in Japan　112230809-112230809 Ⓝ01　（201106）
ISBN978-4-537-22130-5
©NIHONBUNGEISHA 2023
編集担当　和田